Dieter von Beeren, Volker Molfenter, Bernd Schneiderat

Selbstständig arbeiten

Seminarkurs, Seminarfach, Projektfach, Projektarbeit, Facharbeit

1. Auflage

Bestellnummer 07505

Bildungsverlag EINS

Haben Sie Anregungen oder Kritikpunkte zu diesem Produkt?
Dann senden Sie eine E-Mail an 07505_001@bv-1.de
Autoren und Verlag freuen sich auf Ihre Rückmeldung.

Die in diesem Werk aufgeführten Internetadressen sind auf dem Stand der Drucklegung. Die ständige Aktualität der Adressen kann von Seiten des Verlags nicht gewährleistet werden. Darüber hinaus übernimmt der Verlag keine Verantwortung für die Inhalte dieser Seiten.

www.bildungsverlag1.de

Bildungsverlag EINS GmbH
Hansestraße 115, 51149 Köln

ISBN 978-3-427-**07505**-9

Inhaltsverzeichnis

Reflexion

Vorwort

Die moderne Arbeitswelt ist geprägt durch Globalisierung, Flexibilisierung und beschleunigte Technologieentwicklung. Die Halbwertszeit des Wissens wird immer kürzer. Die Erwerbstätigen müssen sich immer schneller in veränderten beruflichen Situationen zurechtfinden. Es ist deshalb nicht erstaunlich, dass die Selbstständigkeit eine immer bedeutsamere Qualifikation darstellt.

Damit Sie in der Arbeitswelt bestehen können, möchten wir Sie auf diese Anforderungen vorbereiten und Ihnen die geforderten Qualifikationen vermitteln – so eben auch die Fähigkeit selbstständig und selbstverantwortlich zu lernen und zu arbeiten.

Was versteht man überhaupt unter selbstständigem Arbeiten?

Ein Lernprozess gilt heute als selbstständig und selbstgesteuert, wenn folgende Komponenten vom Lernenden weitgehend selbst bestimmt werden können:

- Ziele
- Inhalte
- Methoden
- Medien
- Zeit
- Ort
- Lernpartner
- Kontrollprozesse

Im Alltagsgeschäft der Schule sind diese Komponenten in der Regel vorgegeben, also gerade nicht selbstbestimmt. Allenfalls im Rahmen selbstständiger Arbeitsphasen innerhalb einer Unterrichtsstunde (Gruppenarbeit, Partnerarbeit, Einzelarbeit) können einzelne Elemente mehr oder weniger stark von Ihnen selbst bestimmt werden. Ihre Möglichkeiten hängen dabei deutlich von der Gestaltung der Arbeitsaufträge ab. Da meist die Erreichung fachlicher Lernziele im Vordergrund steht, wird die Möglichkeit selbstbestimmt tätig zu werden durch vorstrukturierte Aufgabenstellungen und festgelegte Lernziele häufig eingeschränkt (vgl. Strzebkowski, Selbständiges Lernen).

Seit einigen Jahren gibt es deshalb in unterschiedlichen Bundesländern Bestrebungen, Fächer zu installieren, in denen Sie über einen längeren Zeitraum an einer selbst gewählten Aufgabe arbeiten. Diese Fächer (Seminarkurs, Seminarfach, Wissenschaftspropädeutisches Seminar, Projekt-Seminar, Projektfach, o. Ä.) verfolgen alle dasselbe Ziel: Vermittlung überfachlicher Kompetenzen wie Methoden-, Sozial- und Selbstkompetenz zur besseren Vorbereitung auf die Anforderungen in Hochschule und Arbeitswelt.

Erfahrungsgemäß haben viele von Ihnen Probleme, wenn Sie selbstständig tätig werden müssen. Dieses Buch soll Sie in den genannten Fächern unterstützen, diese schwierige Aufgabe besser zu meistern. Es entstand aus der Praxis vieler Seminarkurse und wir hoffen damit einen Beitrag zur Verbesserung der Unterrichtsqualität leisten zu können.

Der Aufbau des Buches orientiert sich am Ablaufschema des Prozesses selbstständigen Lernens:

Sie erhalten für diese vier Hauptbereiche Informationen, Hinweise, Beispiele und Tipps für die praktische Arbeit. Das Buch ist ausdrücklich für die Hand des Schülers bestimmt und soll Ihnen zu jeder Phase eines Projekts mit Rat und Tat zur Seite stehen.

Trotz aller Erfahrung, Sorgfalt und Bemühungen wird ein Buch zum Thema „Selbstbestimmtes Lernen“ immer verbesserungsfähig bleiben. Wir sind deshalb für jede Anregung und jeden Vorschlag dankbar.

Aus Gründen der besseren Lesbarkeit wird bei geschlechtsspezifischen Bezeichnungen in vielen Fällen ausschließlich die männliche Form gewählt.

Das Autorenteam

Statements

„Unsere Arbeitswelt befindet sich mitten in einer gravierenden Veränderungssituation: Globalisierung, Virtualisierung, Effizienzsteigerung sind Schlagworte, die mitunter Angst machen. Die Ausbildung steht vor neuen Herausforderungen. Neue Inhalte, neue Methoden, neue Qualifikationen sind gefragt.

Gut, wenn Schulen frühzeitig die Zeichen der Zeit erkennen und mit intelligenten Konzepten ihre Schüler fördern. Konzepte selbstständigen Lernens sind gute Wege zum Ziel, lebenstüchtige, selbstbewusste Menschen schon in der Schule zu entwickeln.

Mit dem richtigen Rüstzeug muss niemand vor Veränderungen Angst haben, sondern kann sich im Gegenteil auf spannende Aufgaben freuen. In diesem Sinne wünschen wir den Schülern der gymnasialen Oberstufe nicht nur Erkenntnisgewinn, sondern auch eine Menge Spaß."

Frank Merkel, Diplom-Kaufmann
Vorstand der wob AG, Viernheim

„Die Umstellung von der Schule zur Hochschule stellt für viele einen wesentlichen Einschnitt in ihrem Leben dar.

Als Studienanfänger trifft man auf ganz neue Arten von Lehrveranstaltungen: Vorlesungen, Seminare, Kolloquien, Übungen sowie Hausarbeiten brechen über einen herein. Häufig bereiten den Studierenden hier vor allem mangelnde Kenntnisse über Techniken bzw. Methoden der Wissensbeschaffung und Aufbereitung des Lernstoffs Schwierigkeiten.

Konzepte des selbstständigen Lernens schließen eine Lücke und erleichtern somit den Übergang vom Schulabsolventen zum Studien- bzw. Berufsanfänger: **Durch die interdisziplinäre Herangehensweise an Problemstellungen und studienreale Arbeitsweisen erhalten die Schüler der gymnasialen Oberstufe ein praxisorientiertes Studienkonzept.**

Selbstständiges Lernen ist unverzichtbar für erfolgreiches Studieren."

Prof. Dr. Michael Dinkel
Duale Hochschule Baden-Württemberg, Mannheim

Vorbereitung

1 Wie gestalte ich meinen Arbeitsplatz?

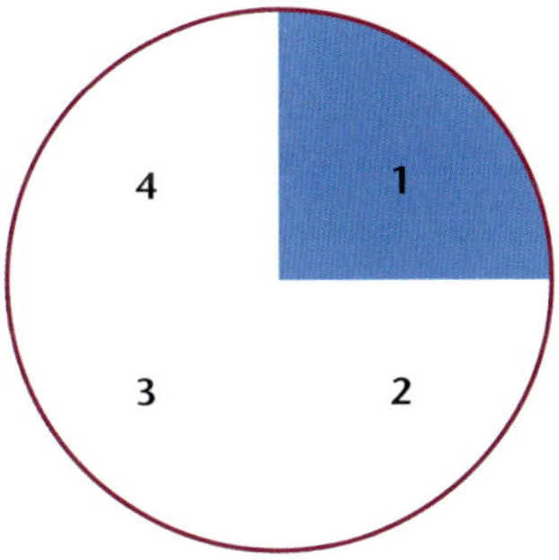

Für ein erfolgreiches Arbeiten ist es enorm wichtig, dass Sie über einen Arbeitsplatz verfügen, an dem Sie sich wohl fühlen und an dem Sie wirkungsvoll arbeiten können. Das hängt natürlich immer von den individuellen Wohnverhältnissen ab. Falls Sie über einen eigenen Arbeitsplatz verfügen, sollten Sie versuchen, Ordnung zu halten. Chaotische Arbeitsplätze haben sicher einen gewissen Charme, aber eine professionelle Ordnung und Organisation auf Ihrem Schreibtisch helfen Ihnen, Zeit zu sparen und effektiv zu arbeiten.

...so besser nicht

...eher so

Damit Ihnen das auch gelingt, haben wir folgende Tipps für Sie, die Sie bei der Gestaltung Ihres Arbeitsplatzes beachten sollten:

- Trennen Sie Ihren Arbeitsplatz von Entspannungsplätzen: An Ihrem Arbeitsplatz sollte gearbeitet werden. Zeitung lesen, iPod hören oder Kreuzworträtsel lösen werden an einem anderen Platz gemacht.
- Beginnen Sie Ihre Arbeit mit einem Ritual: Machen sie sich eine Tasse Tee, ziehen Sie sich ein bestimmtes T-Shirt an oder stellen Sie ein Maskottchen auf. So signalisieren Sie sich und anderen: Hier wird ab sofort gearbeitet!
- Ordnen Sie die erforderlichen Hilfsmittel in der Nähe des Arbeitsplatzes an (Rechner, Nachschlagewerke, Terminkalender, Papier, Schreibutensilien, Büroartikel, Ordner, Ablagemöglichkeiten, Papierkorb, ...).
- Nutzen Sie einen bequemen höhenverstellbaren Drehstuhl.
- Sorgen Sie für ausreichende Beleuchtung.
- Achten Sie auf gute Belüftung und angenehme Temperaturen.

Musik während der Arbeit zu hören, erfreut sich bei vielen Schülern großer Beliebtheit. Ob dies förderlich oder hinderlich ist, lässt sich pauschal schwierig beantworten. Grundsätzlich gilt: Bei Tätigkeiten, die eine hohe Konzentration erfordern, wirkt Musik eher ablenkend. Allenfalls bei Routinearbeiten kann Musik sinnvoll sein und die Leistungsbereitschaft erhöhen.
(vgl. http://arbeitsblaetter.stangl-taller.at/LERNTECHNIK/Arbeitsplatz.shtml)

2 Teambuilding!

Im Berufsleben werden Sie Projekte praktisch nie allein durchführen, sondern in der Regel in Teams. Deshalb ist es auch in den Schulen üblich geworden, in Teams arbeiten zu lassen.

Die Zusammensetzung der Gruppe kann dabei

- den Schülern überlassen,
- vom Lehrer vorgenommen,
- durch das Zufallsprinzip bestimmt werden.

Ganz gleich wie die Gruppe gebildet wurde – um erfolgreich sein zu können, müssen sich alle Gruppenmitglieder an grundlegende Regeln halten:

- Jeder macht mit.
- Jeder kann offen seine Meinung sagen.
- Jeder hört dem anderen zu.
- Kein Gruppenmitglied wird links liegen gelassen.
- Persönliche Angriffe und Beleidigungen sind tabu.
- Probleme sollen offen angesprochen werden.

So wie im Mannschaftssport nicht immer die Mannschaft mit den besten Einzelspielern gewinnt, gilt auch für ein Team, dass die Leistungsfähigkeit des Teams mehr ist als die Summe der Fähigkeiten der Einzelmitglieder. Nur wenn alle Teammitglieder ihre Stärken, ihr Wissen und ihr Können für ein gemeinsames Ziel einsetzen, kann ein Team erfolgreich arbeiten. Nachlässiges Verhalten eines einzelnen Teammitglieds kann deshalb bereits den Erfolg des gesamten Teams gefährden.

Damit ein Team funktioniert, sollten sich die Teammitglieder zunächst (besser) kennenlernen. Dazu gibt es verschiedene Kennenlernspiele wie zum Beispiel das „4-Fakten-Spiel".

Beispiel

„4-Fakten-Spiel"

Die Teilnehmer notieren auf einem Zettel vier Aussagen (A, B, C, D) über sich.

Zum Beispiel:

A Mein Lieblingsverein ist Bayern München

B Ich habe Höhenangst

C Ich bin Turniertänzer

D Ich höre gern Heavy Metal

Drei der Aussagen müssen stimmen – eine ist erfunden.

Jeder liest seine Aussagen vor und die restlichen Gruppenmitglieder notieren sich, welche ihrer Meinung nach gelogen ist. In einer zweiten Runde erläutern die Mitglieder ihre Aussagen und lösen auf, welches die Lüge war. Gewonnen hat, wer am meisten richtig geraten hat.

Und so nebenbei erfahren Sie einiges über Ihre Teammitglieder.

Das Formular „4-Fakten-Spiel" finden Sie im BuchPlusWeb-Material.

Tipp!

Im Internet finden Sie sicher weitere Spiele, falls Sie Bedarf daran haben.

Ein eingespieltes Team entsteht allerdings nicht von jetzt auf gleich. Es ist vielmehr ein Prozess, den die Teammitglieder durchlaufen und an dessen Ende (im Idealfall) ein funktionierendes Team mit einem ausgeprägten Teamgeist steht.

Eine Teambildung durchläuft verschiedene Phasen:

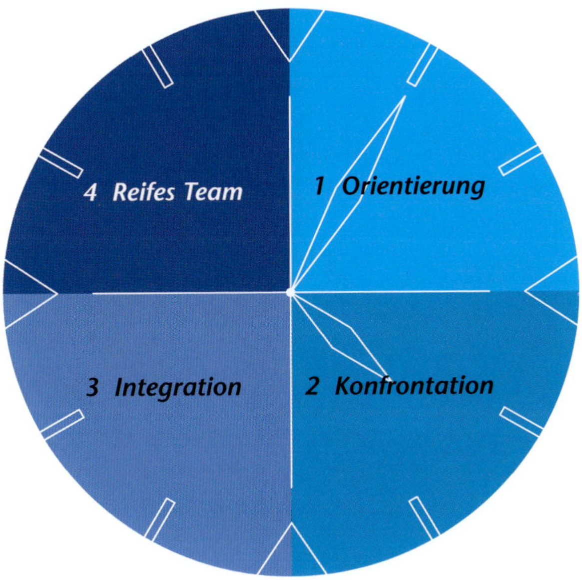

Phase	Merkmale
Orientierung	höflich/gespannt/unpersönlich/vorsichtig
Konfrontation	mühsames Vorwärtskommen/unterschwellige Konflikte/Cliquenbildung
Integration	neue Umgangsformen/neue Verhaltensweisen/Feedback
Reifes Team	ideenreich/flexibel/offen/leistungsfähig/solidarisch

Seien Sie also nicht enttäuscht, wenn Ihr Team nicht sofort funktioniert, das geht anderen Teams in der Regel genauso.

Tipp!

Unternehmen Sie als Gruppe gemeinsam etwas (Besuch einer Sportveranstaltung, gemeinsames Grillen, Bowlingabend, Kinobesuch o. Ä.). Das stärkt den Teamgeist!

„Wer weiß, wo seine Stärken liegen, kann leichter zu seinen Schwächen stehen.“
(Ernst Ferstl)

Nehmen Sie ein Blatt und beantworten Sie folgende Fragen:

1. Was kann ich gut?
2. Was sagen andere über meine Stärken?
3. Was kann ich weniger gut?
4. Wie würde eine mir wichtige Person meine Schwächen beschreiben?
5. Fragen Sie jemand aus Ihrem Umfeld (Freund/Mitschüler/Geschwister/Eltern ...), wie er Ihre Stärken und Schwächen sieht. Stimmt das mit Ihrer Selbsteinschätzung überein? Wie sind mögliche Abweichungen zu erklären?

Tipp!

Tipp für die Arbeit im Team: Akzeptieren Sie Ihre Schwächen und setzen Sie gezielt Ihre Stärken ein!

Für ein gewinnbringendes Arbeiten im Team hat es sich bewährt, in den Gruppensitzungen bestimmte Rollen festzulegen:

Die Rollenverteilung sollte häufig wechseln. Bei kleinen Gruppen können einzelne Mitglieder selbstverständlich mehrere Rollen übernehmen. Lediglich die Rolle des Moderators sollte nur von einer Person wahrgenommen werden.

Aufgaben:

Moderator:

- führt durch die Sitzung,
- arbeitet die Tagesordnungspunkte ab,
- leitet die Diskussion.

Zielwächter:

- achtet darauf, dass das Ziel der Sitzung nicht aus den Augen verloren wird,
- fertigt Listen an, in denen erfasst wird, wer was bis wann zu erledigen hat,
- reflektiert die Sitzung, ob sie ergiebig war.

Regelwächter:

- achtet auf die Einhaltung der Gruppenregeln.

Zeitwächter:

- achtet auf pünktlichen Beginn,
- achtet darauf, dass die vereinbarte Zeit eingehalten wird,
- warnt rechtzeitig, wenn die Zeit überschritten wird,
- achtet auf pünktliches Ende.

Protokollant:

- hält den Verlauf der Sitzung fest,
- notiert die Ergebnisse der Sitzung,
- vermerkt Änderungen der Tagesordnung.

Beispiel

Name des Projekts		**Seminarkursdokumentation China – Wirtschaftsmacht des 21. Jahrhunderts**			
Datum:	**10.03.12**	**Uhrzeit:**	**14:00**	**Ort:**	**Besprechungsraum 301**
Tagesordnung					**geplante Dauer (in Min.)**
TOP 1 Protokoll der letzten Besprechung					5
TOP 2 Berichte der Gruppenmitglieder über den aktuellen Stand					10

TOP 3 Ideen für ein konkretes Arbeitsthema finden (mithilfe der Methode 635)	30
TOP 4 Aufgabenverteilung Erstellung einer To-Do-Liste für die nächste Sitzung	10
TOP 5 Terminabsprache für nächste Sitzung	5

Web Eine bearbeitbare Beispiel-Tagesordnung finden Sie im BuchPlusWeb-Material.

3 Ziele setzen!

Eine Teamarbeit wird nur dann erfolgreich sein, wenn das Team ein gemeinsames Ziel besitzt.

„Wer das Ziel nicht kennt, wird den Weg nicht finden."
(Christian Morgenstern)

Deshalb ist es wichtig, dass zu Beginn Ihrer Arbeit eine Zielklärung erfolgt und Sie Ihr(e) Ziel(e) schriftlich fixieren.

Beispiel

- Planung, Durchführung und Nachbereitung eines 6-stündigen Besuchs im Technoseum in Mannheim mit der Klasse J1/2 des Wirtschaftsgymnasiums
- Erstellung einer Dokumentation von min. 30 und max. 36 Seiten im Rahmen des Seminarkurses „China"
- Planung und Durchführung einer Präsentation von max. 30 Minuten zum Thema „Eurokrise"

Arbeitspakete

Sie haben nun das Ziel Ihrer Aktivitäten formuliert. Im Laufe der weiteren Bearbeitung legen Sie sogenannte Arbeitspakete fest. Arbeitspakete sind Teilziele auf dem Weg zu Ihrem formulierten Ziel. Sie dienen dazu, die Realisierung des Projekts zu strukturieren und voranzutreiben.

Betrachten wir das erste Beispiel etwas genauer. Ihr Oberziel lautet: „Planung, Durchführung und Nachbereitung eines 6-stündigen Besuchs im Technoseum in Mannheim mit der Klasse J1/2 des Wirtschaftsgymnasiums".

Hier bietet sich ein Arbeitspaket an, das sich mit der Kontaktaufnahme des Museums und der verbindlichen Terminzusage beschäftigt.

Arbeitspakete werden als Ziel, nicht als Aktivität formuliert!

Anschließend kann das Ziel weiter konkretisiert werden, um keine wesentlichen Elemente zu vergessen.

Arbeitspaket 1 (=Teilziel 1)
Es liegt eine verbindliche Zusage des Technoseums vor.
• Ich kläre mit den beteiligten Lehrern einen Termin ab. • Ich mache eine Kontaktperson beim Technoseum ausfindig. • Ich vereinbare einen Termin. • Ich erhalte eine schriftliche Zusage über den vereinbarten Termin.

Sie müssen jetzt nur noch festlegen, wer bis wann die Ziele zu verfolgen und nach Möglichkeit auch zu erreichen hat. Sie als Teammitglied können so aus den Arbeitspaketen Ihre individuelle To-Do-Liste ableiten.

Weiteres Beispiel

Ziel: Erstellung einer Dokumentation von min. 30 und max. 36 Seiten im Rahmen des Seminarkurses „China"			
Arbeitspaket (AP) 1 (= Teilziel 1)	AP 2 (= Teilziel 2)	AP 3 (=Teilziel 3)	AP 4 (=Teilziel 4)
Es liegen Informationen vor, um eine Themeneingrenzung vornehmen zu können: • aus Printmedien • Texte aus dem Internet • Filme aus TV und Internet • aus Expertenbefragung			

Ein bearbeitbares Beispiel-Formular „Arbeitspakete" finden Sie im BuchPlusWeb-Material.

Web

Beachten Sie, dass bei der Verfolgung Ihrer Ziele oft ein Zielkonflikt zwischen einer qualitativ hochwertigen Zielerreichung und den Faktoren Zeit und Aufwand besteht. Aus diesem Grund ist ein Ziel immer auch im Kontext der zur Verfügung stehenden Zeit und den zur Verfügung stehenden finanziellen Mitteln zu sehen. Deshalb kommt beispielsweise auch einem professionellen Zeitmanagement eine sehr hohe Bedeutung zu (siehe auch Kapitel „Wie betreibe ich Zeitmanagement?", S. 16).

Meilensteine

Ein Meilenstein ist ein wesentliches Zwischenergebnis, das für den Fortgang des Arbeitsprojekts entscheidend ist. Er legt die logische Struktur für den weiteren Ablauf fest und erfordert eine exakte Koordination der darauf aufbauenden Tätigkeiten. Außerdem ist die Erreichung von Meilensteinen von großer Bedeutung für die Motivation des Teams.

Beispiele für Meilensteine

- Terminfestlegung für den Besuch eines Museums
- Einigung auf die Problematisierungsthematik einer Dokumentation
- Strukturaufbau einer Präsentation (z. B. Vergangenheit – Gegenwart – Zukunft)

4 Wie betreibe ich Zeitmanagement?

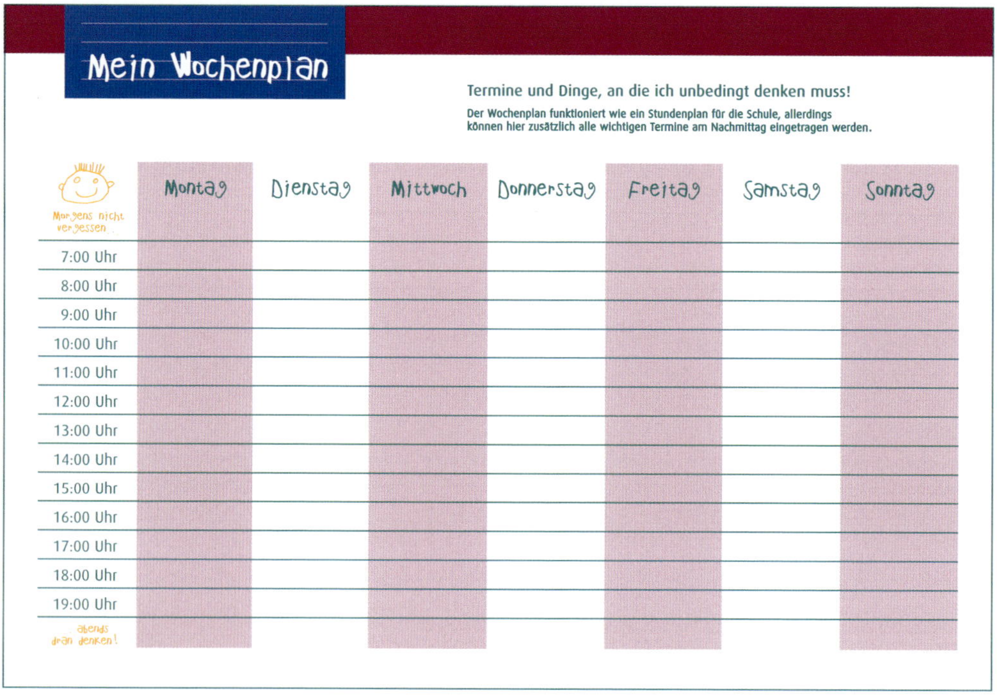

Ein Lernprozess gilt insbesondere dann als selbstständig und selbstgesteuert, wenn die Lernenden weitgehend ihren Zeitplan selbst bestimmen. Wenn Sie im Rahmen des Unterrichts ein Projekt bearbeiten, müssen Sie zwangsläufig über einen längeren Zeitraum kontinuierlich an einer selbst gewählten Aufgabe arbeiten. Sie müssen für sich oder Ihr Team ein passendes Zeitmanagement finden. Planen Sie dabei realistisch – das verhindert böse Überraschungen!

Jeder hat schon erlebt, dass ein Abgabetermin für ein Projekt oder ein Vortragstermin in weiter zeitlicher Ferne festgelegt wurden. Es entsteht der Eindruck, es sei ja noch genügend Zeit, es werde schon irgendwie laufen. Doch plötzlich kommen weitere wichtige Termine hinzu (Klassenarbeiten, GFS, private Termine). Für das Projekt bzw. den Vortrag ist noch eine Fülle von Informationsmaterial zu bearbeiten, plötzlich wird die Zeit knapp, Stress tritt auf. Also macht es Sinn, sich rechtzeitig über ein systematisches Planen (Zeitmanagement) Gedanken zu machen. Dies wird Sie zugleich motivieren und beruhigen und Ihr Interesse und Leistungsvermögen steigern.

Wie kann ich meine Zeit einteilen?

Hierzu gehen Sie in drei Schritten vor:

1. Arbeitsschritte planen:

- Eine To-Do-Liste schriftlich erstellen
- Einen festen Zeitraum bestimmen (Woche/Monat/Halbjahr)
- Zeitbedarf für jede Aufgabe schätzen
- Rechtzeitig anfangen/Limit setzen

2. Prioritäten für Tätigkeiten festlegen:

- Was ist wichtig? → ziemlich wichtig? → unwichtig?
- Das Dringendste zuerst!
- Bis wann ist was zu erledigen?
- Was kostet viel Zeit?
- Pufferzeiten/Pausen einbauen!
- „Zeitdiebe" berücksichtigen (siehe Übungen)

3. Erledigtes abhaken:

- Täglich kontrollieren (Disziplin!)
- Was ist erledigt? → Streichen
- Sich belohnen!

Tipps!

Nutzen Sie zum Festlegen der Prioritäten das Eisenhower-Prinzip. Es teilt die zu erledigenden Aufgaben nach Wichtigkeit und Dringlichkeit ein.

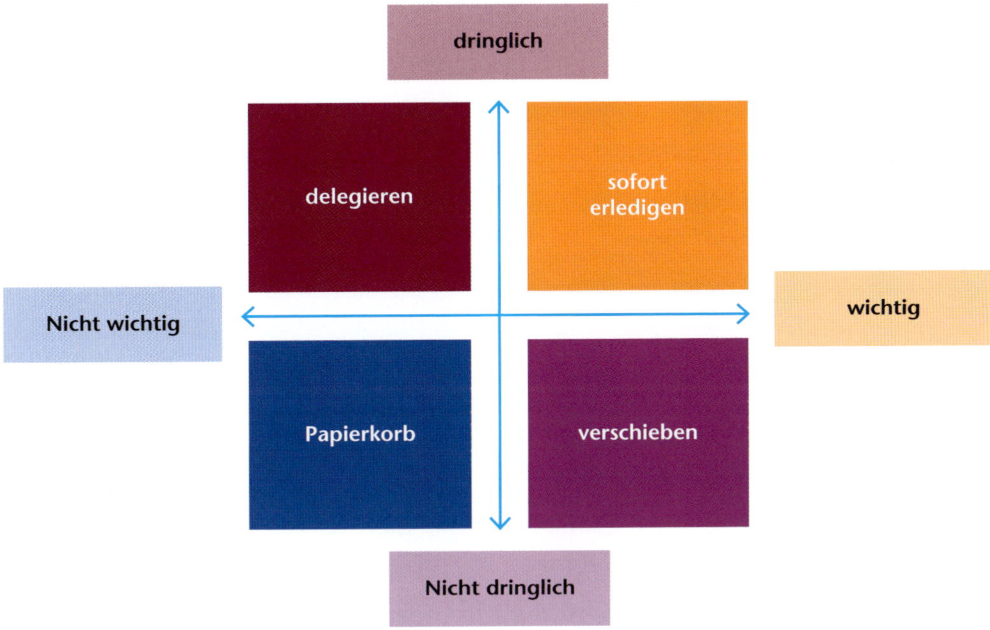

Haben Sie einen Hang zum Perfektionismus? Dann beherzigen Sie die 80/20-Regel. Sie besagt, dass Sie mit 20 % Ihrer Zeit 80 % der Aufgaben erledigen und dass Sie für die restlichen 20 % der Aufgaben 80 % der Zeit aufwenden werden. Stellen Sie sich also selbstkritisch die Frage, ob 80 % Zeitaufwand wirklich erforderlich sind, um die Aufgabe vollständig zu erfüllen oder ob diese Zeit sinnvoller eingesetzt werden kann.

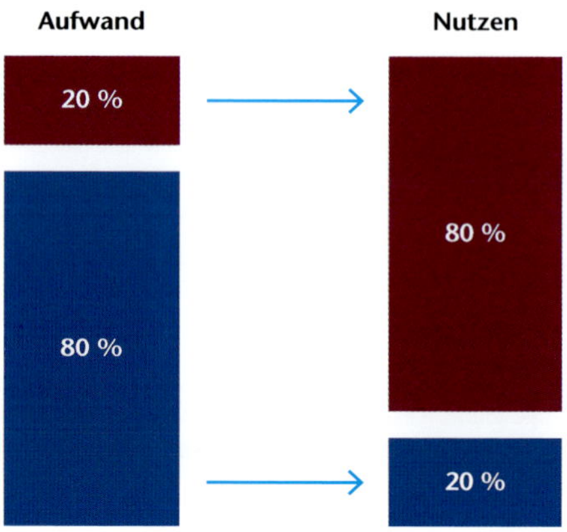

Übung

1. Erstellen Sie für die kommende Woche (Schule und privat) einen Zeitplan nach folgendem Muster:

To-Do-Liste erstellen	
Was ist wichtig?	
Was ist dringend?	
Reihenfolge und Zeiten festlegen	
Kontrollieren	

2. Wählen Sie aus nachfolgenden „Zeitdieben" die drei aus, die Ihnen persönlich am ehesten Zeit „stehlen". Was ist zu tun, damit Ihnen diese Zeit nicht verloren geht?

Geben Sie sich Verhaltensregeln!

- Keine Ziele formuliert
- Fehlende Prioritäten
- Telefonische Unterbrechungen
- Gerne ablenken lassen
- Ich kann nicht „nein" sagen
- Überflüssige Besprechungen
- Ungeordnete Unterlagen
- Aufschieben unangenehmer Aufgaben
- Überperfektionismus
- Mangelnde Selbstdisziplin

(vgl. http://www.focus.de/finanzen/news/zeitfresser/zeitmanagement_aid_8720.html, Stand: 26.04.2012)

Stufenplan für den Ablauf

Selbstständig zu arbeiten stellt hohe Anforderungen an Sie. Sie müssen im Team zusammenarbeiten, Informationen selbstständig beschaffen und auswerten, Inhalte strukturieren, Kreativitätstechniken beherrschen, Ergebnisse schriftlich festhalten und präsentieren. Dies müssen Sie natürlich lernen. Damit ein Lernen und Traineren so vieler Methoden Sie nicht abschreckt oder überfordert, sollten die Lernstufen in kleine überschaubare Schritte unterteilt werden. So können kleinere Lernschritte (Mikros) in größere Methodenbausteine (Makros) übergehen.

Ein möglicher Ablauf von Methoden zur Bearbeitung eines Themas, bis zu den möglichen Höhepunkten einer Dokumentation, Präsentation und Reflexion (im Kolloquium), sind hier in einem Grobraster dargestellt und können jeweils den eigenen Bedürfnissen angepasst werden.

Stufenplan für eine Projektarbeit

Vom Methodentraining in kleinen Schritten zu den Makros Dokumentation, Präsentation und Kolloquium:

<table>
<tr><th colspan="7">Rahmenthema</th></tr>
<tr><th colspan="4">Vorbereitende Schritte</th><th colspan="3">Ausführung</th></tr>
<tr><th>Infos sammeln</th><th>recherchieren</th><th>auswählen</th><th>Thema gefunden</th><th>Dokumentation</th><th>Präsentation</th><th>Kolloquium</th></tr>
<tr><td>ordnen
Brainstorming
Mindmap</td><td>Vorträge
Bibliothek
Internet
Exkursionen
Workshops
Diskussionen</td><td>strukturieren
gliedern
Unterthema
Zeitpläne
Kleinvorträge
Protokolle</td><td>Gliederung
Formulierung
Medien
Visualisierung
Rhetorikübung</td><td>Erstellung
Termin
Abgabe
Bewertung</td><td>Erstellung
Termin
Ausführung
Bewertung</td><td>Termin
Gespräch
Reflexion
Bewertung</td></tr>
<tr><td colspan="3">Themenfindung</td><td colspan="4" rowspan="2">Thema bearbeiten</td></tr>
<tr><td colspan="3">Allein oder in Gruppen</td></tr>
<tr><td colspan="4">Kleine Mini-Trainingsschritte (Mikros)</td><td colspan="3">3 Höhepunkte (Makros)</td></tr>
</table>

5 Wozu dient ein Projektordner?

Ein Projektordner ist ein zentrales Ordnungsinstrument, um Ihre Arbeitsschritte und Arbeitsergebnisse zu sammeln, zu ordnen und zu strukturieren. „Ordner" ist hier übrigens physisch gemeint, d. h. ein DIN-A4-Ordner, in den Sie real Ihre Unterlagen einordnen können. Aber natürlich können Sie einen Ordner auch im Sinne eines Verzeichnisses am Computer anlegen und die Dokumente digital in den entsprechenden Unterverzeichnissen ablegen. Wichtig ist, dass beides für alle Teammitglieder ohne Probleme zugänglich ist. Der Inhalt Ihres

Projektordners hängt letztlich von Ihrem konkreten Projekt ab – denkbar wäre ein Inhaltsverzeichnis mit folgenden Registerkarten (bzw. Unterverzeichnissen):

1	Deckblatt
2	Projektbeschreibung
3	Teamregeln
4	Zeitplanung
5	Teamsitzungen
6	Dokumentation
7	Präsentation
8	Kolloquium
9	Evaluation

Nachfolgend finden Sie zu jedem Unterpunkt einige weiterführende Informationen – zum Teil mit entsprechenden Beispielen.

Deckblatt

- Projektthema
- Fach
- Klasse/Kurs
- Teammitglieder
- betreuende Lehrer

Deckblatt	
Fach	Seminarkurs: China – Wirtschaftsmacht des 21. Jahrhunderts?
Kurs	WG – Jst 1
Team	Christian E./Mareike F./Robin M.
Lehrer	Molfenter/Hoffmann

Web

Ein bearbeitbares Beispiel-Deckblatt finden Sie im BuchPlusWeb-Material.

Projektbeschreibung

Folgende Fragen sollen helfen, eine möglichst vollständige Beschreibung des Projekts zu liefern:

- Was ist Gegenstand des Projekts?
- Was ist nicht Gegenstand des Projekts?
- Wer kann uns unterstützen?
- Wann ist das Projekt erfolgreich?
- Was könnte uns am Erfolg hindern?

Beispiel

Projektbeschreibung
Gegenstand des Projekts
Erstellung einer Dokumentation im Rahmen des Seminarkurses „China" über min. 30 max. 36 Seiten. Abgabetermin: 07.04.20.. Die Dokumentation beschäftigt sich mit der Frage, welche Rolle der Wirtschaftsaufschwung in China im Hinblick auf die Unterschiede zwischen Arm und Reich spielt. Die Arbeit soll letztlich die Frage beantworten, ob sich der Wirtschaftsaufschwung für die Bevölkerung positiv oder negativ bemerkbar macht.
Unterstützung
• Frau Li, Studentin und Angestellte im Besucherzentrum von BASF • Herr Roth, Angestellter bei der Fa. Freudenberg mit China-Erfahrung
Wann ist das Projekt erfolgreich?
• termingerechte Abgabe im geforderten Umfang • vollständiger Nachweis der verwendeten Quellen • zufriedenstellende Bearbeitung der von uns selbst aufgeworfenen Problematik
Was könnte uns am Erfolg hindern?
• mangelndes Zeitmanagement • fehlende Bereitschaft zur Teamarbeit

Ein bearbeitbares Beispiel-Formular für eine Projektbeschreibung finden Sie im BuchPlusWeb-Material. Web

Teamregeln

Hier ist Platz für die Regeln, die das Team aufgestellt hat (siehe Kapitel „Teambuilding!", S. 10).

Zeitplanung

Dieses Register ist für alle Unterlagen vorgesehen, die im Zusammenhang mit Ihrem Zeitmanagement anfallen (siehe Kapitel „Wie betreibe ich Zeitmanagement?", S. 16).

Teamsitzungen

Die Teamsitzungen stellen ein zentrales Element auf Ihrem Weg dar, Ihre sich selbst gesetzten Ziele zu erreichen. Deshalb werden hier alle Unterlagen gesammelt, die im Rahmen der Teamsitzungen anfallen:

- Tagesordnungen
- Ergebnisse der Sitzungen (Stichwortlisten, Mindmaps, Strukturierungsideen, u. Ä./oft auch als Fotoprotokoll)
- Arbeitspakete

- Aufgabenverteilungen
- Protokolle

Dokumentation (sofern gefordert)

(siehe auch Kapitel „Ergebnis dokumentieren“, S. 43)

- Thema der Arbeit
- Grobgliederung
- Exposé
- Feingliederung
- Zeitplanung
- Aufgabenverteilung
- Quellenangaben

Präsentation (sofern gefordert)

(siehe auch Kapitel „Ergebnis präsentieren“, S. 52)

- Thema der Arbeit
- Inhalt und Aufbau
- Medienauswahl
- Aufgabenverteilung
- Ablaufplan
- Quellenangaben

Kolloquium (sofern gefordert)

(siehe auch Kapitel „Ergebnis verteidigen“, S. 107)

- Fragenkatalog zur Vorbereitung
- Feedbackprotokoll

Reflexion

(siehe auch Kapitel „Reflexion“, S. 121)

- Feedbackregeln
- Rückmeldungen

Damit haben Sie die wichtigsten vorbereitenden und planenden Tätigkeiten abgeschlossen und können mit der Realisierung Ihres Projekts beginnen.

Durchführung

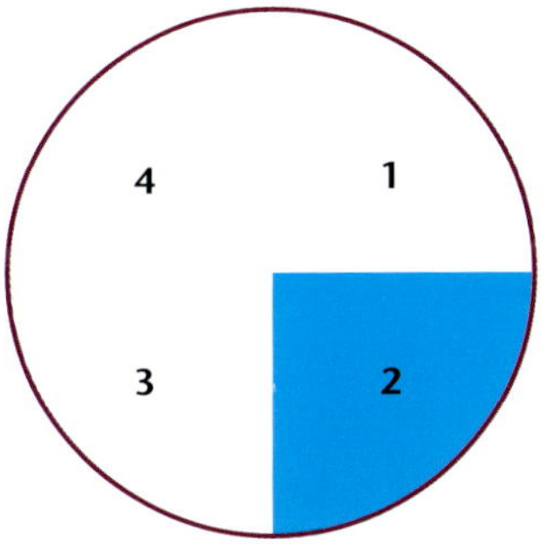

Nachdem Sie sich grundlegende Gedanken zu Ihrer Arbeit gemacht und die vorbereitenden Arbeiten abgeschlossen haben, ist es an der Zeit mit der eigentlichen Arbeit zu beginnen.

Bevor Sie loslegen, sollten Sie sich jedoch Zeit nehmen, einige wichtige Fragen zu beantworten:

- Welche Aspekte kennzeichnen mein Thema?
- Gibt es Querverbindungen zwischen einzelnen Aspekten?
- Welche Aspekte interessieren mich mehr als andere?
- Wie bekomme ich erste Informationen?
- Wie bringe ich Struktur in das Faktenchaos?
- Wie finde ich mein persönliches Arbeitsthema?
- Habe ich das richtige Thema gewählt?

Diese Fragen werden in diesem Kapitel beantwortet.

1 Wie finde ich mein Thema

Wenn Sie das Thema Ihres Projekts zum ersten Mal gehört haben, haben Sie sicher zunächst nur eine vage Vorstellung, was sich hinter diesem Thema verbirgt.

Wie erhalten Sie aber möglichst viele Aspekte zu dem gegebenen Thema?

Methode **Brainstorming**

Das Brainstorming ist eine Kreativitätsmethode, bei der durch spontane Ideenäußerung möglichst viele Ideen gesammelt werden. Das Brainstorming lässt sich allein oder im Team durchführen. Wirkungsvoller ist sicher der Einsatz in der Gruppe, da ein von einem Gruppenmitglied geäußerter Gedanke unwillkürlich zu Assoziationen der restlichen Gruppenmitglieder führt und dadurch weitere Ideen entstehen können. Um das Brainstorming erfolgreich einzusetzen, sollten Sie einige Grundregeln beachten.

Methode | **Brainstorming**

Grundregeln:

- Halten Sie *alles* fest, was Ihnen zu dem Rahmenthema einfällt.
- Die Äußerungen dürfen zunächst nicht beurteilt werden.
- Es geht um die Menge an Äußerungen, nicht um die Qualität.
- Setzen Sie sich einen Zeitrahmen (ca. 10 bis 15 Min.).
- Halten Sie diesen Zeitrahmen ein (auch wenn Sie irgendwann glauben, dass Sie keine neuen Ideen mehr haben).
- Beim Brainstorming in der Gruppe übernimmt ein Gruppenmitglied das Aufzeichnen der Äußerungen.

Tipp!

Benutzen Sie zum Sammeln der Ideen Kärtchen, die Sie an eine Metaplanwand pinnen. Damit können sie die Anordnung jederzeit ändern und ihre Ergebnisse für das weitere Vorgehen nutzen. Tafel oder Flipchart gehen zur Not natürlich auch.

Beispiel

Vier Schülerteams mit je drei Gruppenmitgliedern haben zum Rahmenthema "Phänomen Rauchen" ein Brainstorming durchgeführt. Das Ergebnis ihrer Arbeit sah wie folgt aus:

1. Sucht
2. Zigarette
3. Tabakkonsum
4. Jugendliche
5. Werbung
6. Lungenkrebs
7. Philip Morris
8. Nikotin
9. Teer
10. Tabakanbau
11. Rauchen in der Schwangerschaft
12. Psyche
13. Gesundheitsrisiken
14. Arbeitsplätze
15. Kehlkopfkrebs
16. Krankenkasse
17. Kosten für die Gesellschaft
18. Akupunktur
19. Friedenspfeife
20. Droge
21. Ersatzwährung
22. Spätfolgen
23. Leichtzigaretten
24. Tabaksteuer
25. Passivrauchen
26. Aufhören (zu rauchen)
27. Schadenersatzklagen
28. Anti-Raucher-Kampagnen

Die Schüler haben 28 Stichwörter zum Thema Rauchen gefunden. Damit haben sie die Bandbreite des Themas schon recht ordentlich abgedeckt.

Entscheidend ist in dieser Phase, dass Sie Ihren Gedanken freien Lauf lassen und einfach alles sammeln, was Ihnen zum Thema einfällt.

Neben dem Brainstorming gibt es noch eine Reihe weiterer Kreativitätstechniken. Eine effiziente Methode, um gerade am Anfang einer Arbeit möglichst viele gute Einfälle zu erhalten, ist die Methode 635.

Methode | **635 (steht für 6 Teilnehmer, 3 Vorschläge, 5 Minuten)**

Bei der Methode 635 werden die Einfälle einer Gruppe von idealerweise sechs Teilnehmern (Anzahl darf auch kleiner sein) gesammelt. Jeder Teilnehmer benötigt einen Stift und ein Blatt. Auf jedem Blatt steht eine Frage. Diese Frage kann sehr allgemein gestellt sein (empfiehlt sich am Anfang der Arbeit, wenn Sie noch auf Ideensammlung aus sind) oder auch sehr viel spezieller (wenn Sie bereits ein interessantes Themengebiet gefunden haben):

Beispiel

Allgemeine Fragestellung:

Was fällt Ihnen zu dem Begriff Zigarette ein?
In welcher Weise nimmt das Rauchen Einfluss auf das Leben der Menschen?

Spezielle Fragestellung:

Inwiefern stellt das Rauchen ein Gesundheitsrisiko dar?
Welche Strategien entwickeln Tabakkonzerne, um ihre Produkte zu verkaufen?

Wie wird die Methode durchgeführt?

Jeder Teilnehmer erhält ein Blatt mit der Frage und fünf Minuten Zeit. In dieser Zeit soll (muss!) er drei Ideen zu der Frage schriftlich festhalten. Dann gibt jeder Teilnehmer sein Blatt an seinen linken Nachbarn weiter. So erhält jeder Teilnehmer die Ideen seines Vorgängers, lässt sich idealerweise davon anregen und bringt wieder in fünf Minuten drei weitere Vorschläge zu Papier. Die Sitzung ist beendet, wenn jeder Teilnehmer jedes Blatt bearbeitet hat. So erhalten Sie in einer knappen halben Stunde 6 x 3 x 6 = 108 Ideen zu Ihrem Rahmenthema.

Die Methode 635 setzt die Teilnehmer durch die Zeitbegrenzung unter einen kreativitätsfördernden Stress, hat dadurch viel Tempo und macht ebenfalls viel Spaß. Einfach ausprobieren!

Im BuchPlusWeb-Material finden Sie eine Vorlage für ein „Methode-635-Blatt“, welche Sie ausdrucken oder digital bearbeiten können. Web

Wie kann ich nun diese Vielzahl von Stichpunkten eines komplexen Themas in ein vernünftiges Konzept bringen?

Methode | **Clustering**

Clustern heißt ordnen und erste Strukturen festlegen.

Dies erreichen Sie durch das Festlegen von Oberbegriffen. Suchen Sie dabei nach Gemeinsamkeiten Ihrer Stichpunkte. Unter welchem Oberbegriff lässt sich eine Vielzahl von Stichpunkten einordnen?

Am Beispiel unserer gefundenen Stichpunkte zum Thema Rauchen lassen sich folgende Oberbegriffe festlegen:

Beispiel

- Gesundheit und Rauchen
- Tabakindustrie
- Staat und Rauchen
- Gesellschaft und Rauchen
- Geschichte des Rauchens

Nach diesen Kriterien sortieren Sie ihre Stichpunkte in das Ordnungssystem ein.

Beispiel

Oberbegriff: Gesundheit und Rauchen

Unterbegriffe: Sucht
Lungenkrebs
Nikotin
Teer
Rauchen in der Schwangerschaft
Gesundheitsrisiken
Kehlkopfkrebs
Spätfolgen
Passivrauchen
Aufhören

Oberbegriff: Tabakindustrie

Unterbegriffe: Werbung
Philip Morris
Tabakanbau
Arbeitsplätze
Leichtzigaretten
Schadenersatzklagen

Ihre Arbeit erhält auf diese Weise erste Strukturen!

Methode **Mindmapping**

Mindmapping ist eine Arbeitsmethode, um weitere Ordnung in Ihre Ideen und Gedanken zu bringen. Das Mindmap ist eine übersichtliche Karte, in deren Zentrum das Hauptthema steht. Von diesem Zentrum aus entstehen Verzweigungen zu Unterpunkten des Hauptthemas, die sich selbst wiederum verzweigen können. Sie können so die wesentlichen Punkte herausarbeiten, neue Verbindungen herstellen und Nebenaspekte untersuchen. Die Struktur von Mindmaps ist offen, sie können also jederzeit um weitere Punkte ergänzt werden.

Wie werden Mindmaps erstellt?

Am Beispiel unserer Stichwortsammlung zum Thema Rauchen wollen wir gemeinsam unser erstes Mindmap erstellen.

Benutzen Sie dazu ein DIN A4 Blatt im Querformat.

Beginnen Sie in der Mitte des Blattes. Dort steht (in Kurzform) das Thema des Projekts. In unserem Beispiel also Rauchen.

Methode Mindmapping

Oft wird auch ein Symbol, Bild oder eine eigene Zeichnung dafür verwendet.

Zum Beispiel:

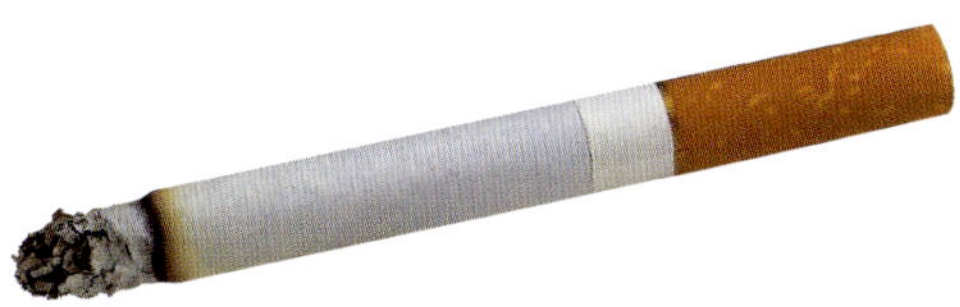

Ausgehend von diesem zentralen Begriff oder Bild lassen Sie mehrere Linien abzweigen. Auf jede Linie schreiben Sie einen zentralen Aspekt des Themas. Zentrale Aspekte lassen sich aus den Ergebnissen des Clustering ableiten.

Auf jede Verzweigung schreiben Sie einen Aspekt in Form eines Schlagwortes.

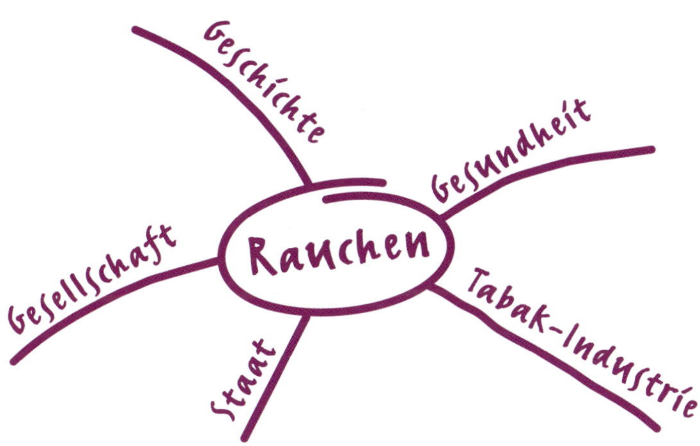

Jeder dieser Einzelaspekte kann jetzt nach dem gleichen Verfahren weiter verfeinert werden. Wir benutzen dazu unsere zuvor gebildeten Cluster.

Beispiel

So lassen sich dem Unterthema Tabakindustrie beispielsweise die folgenden Stichpunkte zuordnen:

- Werbung
- Philip Morris
- Tabakanbau
- Arbeitsplätze
- Leichtzigaretten
- Schadenersatzklagen

Sie können jetzt diese Punkte direkt in das Mindmap übernehmen oder weiter zusammenfassen.

Beispiel

So lassen sich beispielsweise Philip Morris und Leichtzigaretten zu einem Unterpunkt Zigarettenmarken zusammenfassen.

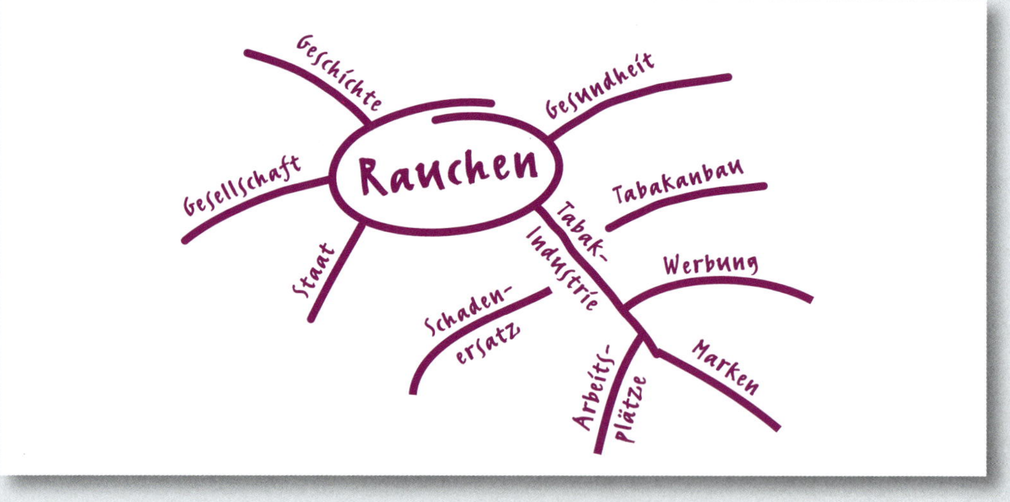

Nach diesem Verfahren arbeiten Sie die restlichen Unterpunkte ab.

Beispiel

Das Ergebnis könnte so aussehen:

Sie erhalten eine bildhafte Darstellung Ihres Rahmenthemas. Dieses Bild unterstützt Sie bei Ihrem weiteren Vorgehen.

Durch das Reduzieren auf das Wesentliche gewinnen Sie schnell einen Überblick über Teilbereiche ihres Themas. Durch die Verästelung kann die relative Bedeutung einzelner Stichpunkte gut eingeschätzt werden. Sie legen damit erste Strukturen und Hierarchien fest. Durch den Aufbau des Mindmaps erkennen Sie sehr schnell, welche Gedanken gut und ausführlich und welche bisher wenig entwickelt sind. Das Mindmap kann jederzeit um neue Erkenntnisse erweitert werden und auf diese Weise mitwachsen.

Sie haben jetzt eine Anleitung erhalten, wie man Mindmaps erstellt. Jeder Anwender dieser Technik hat genügend Freiräume hinsichtlich Strukturen, Bildern, Farben und Symbolen um sein eigenes, individuelles Mindmap zu erstellen. Entsprechend kann jedes Mindmap anders aussehen. Vielleicht ist das der Grund, warum das Erstellen von Mindmaps einfach auch Spaß macht. Probieren Sie es aus!

Tipp!

Mindmaps eignen sich auch gut zur Vorbereitung auf Klassenarbeiten, um die Stofffülle in den Griff zu bekommen.

Übung

Erstellen Sie ein Mindmap zu einem (oder mehreren) der folgenden Themen:

- Die Macht der Medien
- Sport und Kommerz
- Ernährungskrise – Was darf ich noch essen?
- Globalisierung – Welt ohne Grenzen?

Wie komme ich an Basisinformationen?

Sie haben jetzt zwar einen recht guten Überblick, worum es sich bei dem Thema Ihrer Projektarbeit handelt, konkrete Inhalte zu den einzelnen Aspekten kennen Sie aber noch nicht. Wie kommen Sie also an Informationen, um die einzelnen Teilbereiche mit Leben zu füllen?

Bevor Sie sich auf einen Teilaspekt Ihres Themas konzentrieren, ist es unerlässlich, dass Sie über bestimmte Basis-Informationen verfügen. Diese Grundinformationen erhalten Sie in der Regel über den begleitenden Unterricht durch Ihre Lehrer.
Falls Sie sich diese Informationen selbst besorgen müssen, können Sie hierfür Lexika, Fachbücher, Fachzeitschriften, Tageszeitungen und natürlich das Internet nutzen.

Beispiel

Thema Organspende

Grundinformationen über

- Antikörper
- Antigen
- Gehirntod
- usw.

Thema Rauchen

Grundinformationen über

- Tabakanbau
- Zigarettenindustrie
- Passivrauchen
- usw.

Die dort vermittelten Basis-Informationen sollen Ihnen bei folgenden Fragen helfen:

- Welcher Aspekt kommt meinen persönlichen Interessen und Neigungen entgegen?
- Wo finde ich interessante Fragestellungen?
- Welche aktuellen Bezüge bietet das Thema?

Wo kann ich mein Thema live erleben?

Exkursionen vorbereiten, durchführen, auswerten

Wenn Sie sich einen ersten Überblick über Ihr Thema verschafft haben und Sie damit auf dem richtigen Weg zum Experten für dieses sind, ist es an der Zeit über den Tellerrand der Schule hinauszuschauen. Sie suchen nach Veranstaltungen, in denen Sie Ihr Thema live erleben können.

Hier bieten sich an:

- Vorträge, z. B. innerhalb des sogenannten Studium generale* an Universitäten
- Firmenbesuche
- Gespräche mit Fachleuten
- Diskussionsrunden
- Museumsbesuche

Der Fantasie der Schüler und Lehrer sind hier (fast) keine Grenzen gesetzt.

Beispiele

1. Zum Unterthema Essstörungen des Rahmenthemas Ernährungskrise stattete der Kurs dem Zentralinstitut für Seelische Gesundheit (ZI) in Mannheim einen Besuch ab.
2. Der Kurs mit dem Rahmenthema Organspende besuchte das Transplantationszentrum des Universitätsklinikums Heidelberg, besichtigte die Labore und diskutierte nach Vorträgen zu den Themen Hirntod und Knochenmark-TPL und einem Vorlesungsbesuch über Organtransplantation mit dem TPL-Koordinator.

Informationsquellen für lohnende Veranstaltungen sind alle aktuellen Medien wie:

- Regionale (und auch überregionale) Zeitungen
- Veranstaltungszeitschriften
- Internet
- Regionale TV- und Radiosendungen

Tipps!

Ideen, Planung und Durchführung von Exkursionen können in den Händen der Schüler und/oder Lehrer liegen.

Ein Teammitglied erstellt ein Protokoll über den Verlauf der Exkursion.

In der nächsten Sitzung findet eine Nachbesprechung der Exkursion statt.

Häufig finden Sie interessante Fragestellungen zu Ihrem Thema oft inklusive der Experten, die Sie in der Phase der Erarbeitung ihrer Dokumentationen und Präsentation unterstützen.

Heften Sie das Protokoll und das Ergebnis der Nachbesprechung im Projektordner ab.

Eine weitere Quelle zur Vertiefung der Basisinformationen können TV-Sendungen wie Dokumentationen, Reportagen usw. sein. Eine TV-Sendung kann aber die Intensität persönlicher Kontakte nicht ersetzen.

---

* Das Studium generale bezeichnet Vorlesungen allgemeinbildender Art an einer Hochschule.

Damit sind Sie einen großen Schritt auf dem Weg zu Ihrem Thema vorangekommen. Jetzt sollten Sie den für Sie interessanten Aspekt problematisieren.

Was heißt das?

Sie formulieren Ihr Thema als aktuelle, für Sie persönlich interessante Frage oder als zu lösendes Problem. Diese Frage versuchen Sie in Ihrer Arbeit zu beantworten bzw. der Antwort einen Schritt näher zu kommen. Oder: Das für Sie interessante und spannende Problem versuchen Sie in Ihrer Arbeit zu lösen bzw. der Lösung einen Schritt näher zu kommen.

Sie sollen also nicht nur möglichst viele Fakten zu dem Thema zusammentragen, sondern nach Möglichkeit neue Erkenntnisse gewinnen. Damit demonstrieren Sie zusätzlich neben Ihrem Fachwissen auch Ihr aktuelles Problembewusstsein zu Ihrem Thema.

Beispiele für problematisierte Arbeitsthemen:

1. BSE als Chance – verändert die Krise unser Verhalten?
   statt: Die BSE-Krise
2. Wir bekommen ein Baby!? – Wunderwelt der Fortpflanzungsmedizin
   statt: Die Geschichte der Fortpflanzungsmedizin
3. Vom Fahrrad-Königreich zur Auto-Republik
   statt: Die Entwicklung des chinesischen Automobilmarkts

Die Erarbeitung einer Problemlösung oder die Beantwortung einer Frage macht es für Sie viel einfacher

- einen roten Faden in Ihr Thema zu bekommen,
- Unwichtiges zu erkennen und wegzulassen,
- der Arbeit einen Schluss zu geben, nämlich Ihre Antwort/Problemlösung, und zudem
- ist eine Präsentation zum Thema „Wir bekommen ein Baby!?“ für Zuhörer und Referenten viel spannender und für das Leben bedeutsamer als „Die Geschichte der Fortpflanzungsmedizin bis heute“.

Sie haben eine interessante und spannende Problemstellung innerhalb des Rahmenthemas gefunden? Herzlichen Glückwunsch!

Jetzt sollten Sie Ihr Problem/Ihre Frage auf Herz und Nieren prüfen, damit Sie sicher sein können, dass es sich als Thema für Ihre Dokumentation und Präsentation eignet:

1. Thema strukturieren
Zuerst bietet es sich an, Ihrem Arbeitsthema eine **erste Grobgliederung** zu geben, die sich nach der Problematisierung Ihres Themas fast von selbst ergibt.

Am Anfang Ihrer Arbeit machen Sie die Leser Ihrer Arbeit mit Ihrem Problem vertraut. Dann erarbeiten Sie die Fachkenntnisse, die für Ihr Problem und dessen Lösung nötig und hilfreich sind. Und am Schluss stellen Sie Ihre Lösung des Problems vor:

⇨ **erste Grobgliederung**

A. Problem

B. Fachwissen zum Problem

C. Lösung des Problems

2. Thema hinterfragen
Jetzt suchen Sie das Gespräch mit einem oder mehreren Experten und diskutieren Ihre Ideen. Vergessen Sie nicht, die Experten nach weiteren Informationsquellen zu fragen. Erstellen Sie ein Protokoll dieser Gespräche, damit Ihnen wichtige Tipps und Gedanken erhalten bleiben. Experten finden Sie innerhalb und außerhalb Ihrer Schule. Viele Fachleute freuen sich, wenn Schüler sich für ihre Arbeit interessieren und helfen Ihnen gerne weiter. Nur Mut! Greifen Sie, z. B. nach einer ersten Anfrage per E-Mail, zum Telefon und versuchen Sie Ihr Glück!

Genauso wichtig wie das Expertengespräch ist mindestens ein ausführliches Gespräch mit Nicht-Experten: Freunde, Bekannte, Eltern u. a.
Voraussetzung: Die Person ist bereit, sich Zeit für Sie zu nehmen.
Stellen Sie Ihren Nicht-Fachleuten Ihr Thema vor, wecken Sie Interesse an Ihrer Arbeit und nehmen Sie Vorschläge und Kritik auf. Auch diese Gespräche sollten Sie protokollieren.

3. Thema absichern
Stellen Sie eigene Recherchen über weitere, vertiefende Informationsquellen zu Ihrem Problem an. Sie müssen sich jetzt absichern, dass Sie in den nächsten Wochen genügend Informationen finden werden, um Ihr Thema umfassend behandeln zu können. Haben Sie in der Ihnen zur Verfügung stehenden Zeit Zugang zu den benötigten Informationen? Stoßen Sie hier auf Schwierigkeiten, sollten Sie Ihr Arbeitsthema evtl. ändern.

4. Thema konkretisieren
Vielleicht ist es nach den Gesprächen mit Experten und Nichtfachleuten und Ihren eigenen weiteren Recherchen nötig, Ihr Arbeitsthema neu einzugrenzen:
Möglicherweise wollen Sie neue Aspekte in Ihr Thema aufnehmen oder Teilbereiche ausschließen, um Ihrem Problem noch genauer auf den Grund gehen zu können oder um den roten Faden in Ihrer Arbeit nicht zu verlieren.

Machen Sie sich jetzt die Mühe, gegebenenfalls Ihr Thema nochmals zu überarbeiten und evtl. neu zu strukturieren, damit es für die Leser Ihrer Dokumentation (oder die Zuhörer bei Ihrer Präsentation) noch besser verständlich wird.

2 Wie beschaffe ich mir Informationen?

Wenn Sie ein Arbeitsthema gefunden haben, brauchen Sie Informationen aller Art, die für Ihr Thema wichtig sind. Nach einem **ersten Überblick** über Ihr Thema suchen Sie **vertiefende Informationen** und treffen danach eine **Vorauswahl** unter Ihren gefundenen Quellen.

Wie verschaffe ich mir einen Überblick?

Zunächst hilft es meistens einen oder mehrere **Lexikonartikel** zu Ihrem Thema zu lesen und auszuwerten. Hier finden Sie in der Regel auch Hinweise auf besonders interessante Teilgebiete. Außerdem werden die wichtigsten Fachbegriffe definiert und erklärt. Darauf können Sie immer wieder zurückgreifen. Meist wird am Ende eines Lexikonartikels auf weiterführende Informationsquellen verwiesen.

Eine sehr gute Ergänzung für den tieferen Einblick in Ihr Thema bieten Gespräche oder Interviews mit Experten. Sie können besonders gut helfen, das Zentrum Ihres Themas zu finden und es von anderen, weniger wichtigen Bereichen abzugrenzen.

Tipps!

WIKIPEDIA, eine freie Enzyklopädie im Internet, bietet für viele Themen gute, aktuelle und kostenlose Einstiegsinformationen.

http://de.wikipedia.org/wiki/Hauptseite

Die englischsprachige Encyclopedia Britannica bietet ebenso viele Überblicksartikel zu verschiedensten Themen.

http://www.britannica.com

Wie finde ich vertiefende Informationen?

Nach den Lexikonartikeln werten Sie vielleicht ein **Fachbuch** zu Ihrem Thema aus. Ein Fachbuch? Wie kommen Sie an Fachbücher? Sie besuchen Ihre Schul-, Stadt- oder Universitätsbibliothek und arbeiten sich durch das Schlagwortverzeichnis. Das funktioniert im Prinzip wie bei Google oder anderen Internetsuchmaschinen. Hier finden Sie sicher Titel, die für Sie interessant werden könnten. Wahrscheinlich wollen Sie nicht das ganze Buch lesen, um an die für Sie lohnenden Informationen zu kommen. Mit den folgenden Schritten überschauen Sie die meisten Fachbücher schnell und finden die für Sie wichtigen Seiten:

- Lesen Sie die Einleitung (nicht das Vorwort). Hier werden Sie die wichtigsten Informationen über Ziele, Inhalte, Methoden und Abgrenzungen des Buchthemas finden (genauso wie später in der Einleitung Ihrer Seminarkursdokumentation).
- Anhand des Inhaltsverzeichnisses erkennen Sie die Hauptthemen und damit oft den Argumentationsgang des Buches.
- Wenn ein Sachregister oder Schlagwortverzeichnis vorhanden ist, können Sie auch hier nach relevanten Begriffen suchen.
- Manchmal finden Sie auch ein Personenregister, das Ihnen weiterhilft.

Wenn Sie auf diesem Weg nichts finden, was für Ihr Thema von Bedeutung ist, können Sie das Fachbuch beruhigt wieder weglegen und sich anderen Quellen widmen.

Wie treffe ich eine Vorauswahl?

Sie haben jede Menge Informationen gesammelt und wollen eine Vorauswahl treffen. Die Materialien, die für Ihr Thema hilfreich sein könnten, sollten Sie zuerst überfliegen: d. h. Überschriften, Einleitung und Schluss lesen (s. o.).

Entscheiden Sie, ob diese Informationsquelle lohnend für eine intensivere Bearbeitung ist oder nicht.

→ Wenn Sie es nicht ist, dann streichen Sie diese aus Ihrer Liste.

→ Wenn Sie nicht sicher sind, dann versehen Sie die Quelle mit Schlagworten zum Inhalt (z. B. mit Haftzetteln) und behalten die Quelle in Ihrer Ablage.

→ Wenn die Quelle wichtige Informationen enthält, dann werten Sie sie sofort aus.

Texte

Informationen finden Sie in Fachbüchern, Fachzeitschriften, Zeitungsartikeln, Internet, naturwissenschaftlichen Experimenten, Interviews, Statistiken, Schaubildern und vielen weiteren Formen. Nachfolgend erhalten Sie einige Hinweise zur Auswertung dieser Quellen.

Um diese Vielfalt an Information zu verarbeiten, ist in allen Fällen zunächst das Erlesen des Materials von Nöten. Meist ein mühevoller Vorgang. Also macht es Sinn, Lesestrategien zu entwickeln, um gezielt Informationen aus Texten zu entnehmen, aufzubereiten und weiterzuverarbeiten.

Lesestrategien

Um Sachinformationen zu erschließen und zu strukturieren, muss ein Plan für eine gezielte Textanalyse (Lesestrategie) entwickelt werden. Um die Inhalte möglichst schnell zu erschließen und zu strukturieren, ist folgende Vorgehensweise möglich:

Lesestrategiefolge zu einer Textanalyse:

1.	**Vor dem Lesen:** - Aufgabenstellung und Ziel klären - Was will ich erfahren? - Fragen stellen (Wer? – Was? – Wann? – Wie? – Warum?) - Überschriften können Interesse wecken
2.	**Während des Lesens:** - Kerngedanken und Schlüsselwörter finden und markieren - Unbekannte Wörter klären
3.	- Textstrukturen in Abschnitte gliedern und möglichst visuell darstellen
4.	- Texte zusammenfassen und nachbereiten

Tipp!

Den Leseprozess können Sie aktiv und produktiv unterstützen, indem Sie ein Markierungssystem mit Randnotizen verwenden.

Beispiel für Markiertechniken:

Markierungszeichen	Zweck, Bedeutung
Textmarker rot	Schlüsselwörter
Unterstreichen	Definition
!	These/Behauptung
U	Unbekannter Fachbegriff/nachschlagen!
B	Beispiel
F	Fazit
...	...

Übung

Suchen Sie sich einen Zeitungsartikel zu einem für Sie interessanten Thema. Führen Sie die oben angegebenen Schritte für eine Lesestrategiefolge durch. Fassen Sie die wichtigsten Aussagen zusammen und erstellen Sie eine Liste oder kurze Powerpoint-Präsentation zu diesem Artikel.

Interviews

Interviews, die Sie selbst geführt und mit dem Diktiergerät mitgeschnitten haben, können Sie Wort für Wort in einen schriftlichen Text übertragen, den Sie in den Anhang Ihrer Arbeit aufnehmen, wenn dieses Interview zentral wichtig für Ihre Arbeit ist. Sie können aber auch

nur die Auszüge eines Interviews nutzen und schriftlich übertragen, die Ihrer Arbeit weiterhelfen. In Ihrer Arbeit können Sie Ihre Interviewpartner wörtlich oder sinngemäß zitieren.

TV-Interviews oder andere Interviews, die Sie für Ihre Arbeit nutzen wollen, behandeln Sie genauso.

Auch bei Interviews geben Sie Ihre Quelle an.

Statistiken, Schaubilder usw.

Statistiken, Tabellen, Schaubilder, Diagramme sind als Visualisierungen für viele Arbeiten unersetzlich. Allerdings sollten Sie Ihren Aussagegehalt auch nicht überbewerten. In dem geflügelten Wort „Traue keiner Statistik, es sei denn, du hast sie selbst gefälscht!“ liegt durchaus ein Funken Wahrheit, der sich auch auf bildliche Darstellungen übertragen lässt. Daten und Zahlen erwecken den Anschein von Objektivität. Ob die vorgefundenen Daten die Wirklichkeit objektiv abbilden oder ob sie diese verzerren, müssen Sie selbst überprüfen.

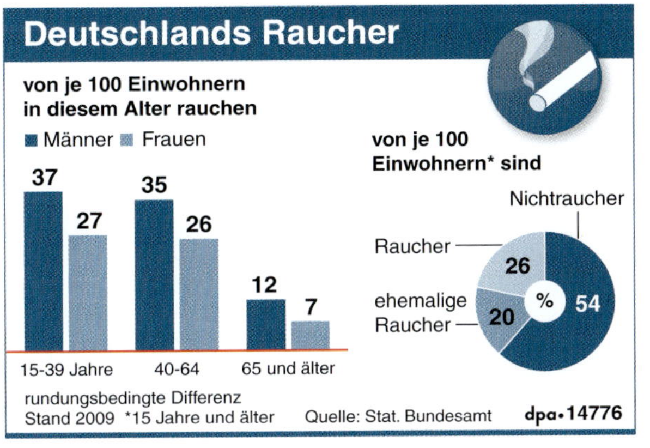

Bevor Sie Statistiken und Schaubilder für Ihre Arbeit übernehmen, überlegen Sie, ob Sie die gesamte vorliegende Statistik, das gesamte Schaubild oder nur Teilaspekte daraus benötigen. Wenn Sie nur Teilaspekte benötigen, achten Sie darauf, die vorliegende Statistik oder das Schaubild durch Ihre Auswahl nicht zu verfälschen.

Ausführliche Informationen zur optimalen Darstellung von Schaubildern usw. finden Sie im Kapitel „Ergebnis präsentieren“, S. 52ff.

- Thema markieren oder formulieren
- Erfasste (und evtl. nicht erfasste) Aspekte des Themas markieren oder formulieren
- Formulieren Sie Themen/Inhalte der Zeilen und Spalten der Statistik
- Stellen Sie Besonderheiten wie Extremwerte, Mittelwerte, Entwicklungen in Stichworten dar
- Fassen Sie die wichtigsten Ergebnisse in eigenen Worten zusammen
- Gestalten Sie evtl. ein (vereinfachtes) Schaubild aus den wichtigsten Ergebnissen
- Interpretieren Sie selbst Ursachen, Folgerungen etc.
- Formulieren Sie Stichworte zur Einordnung der Statistik, des Schaubildes in den Gesamtzusammenhang Ihrer Arbeit (für späteres Gliedern Ihres Themas wichtig)

Naturwissenschaftliche Experimente

- Wissenschaftliche Begriffe immer allgemein verständlich erklären
- Größeren Zusammenhang beschreiben, in dem der Versuch steht:
  - Allgemeiner Hintergrund, z. B. einzelner Versuch oder Versuchsreihe
  - Ziel des Versuchs
  - Hauptfrage des Versuchs (Hypothese)
  - Versuchsvoraussetzungen
- Versuchsanordnung und -ablauf beschreiben
- Versuchsergebnis(se) darstellen: evtl. Schaubilder, Statistiken nutzen

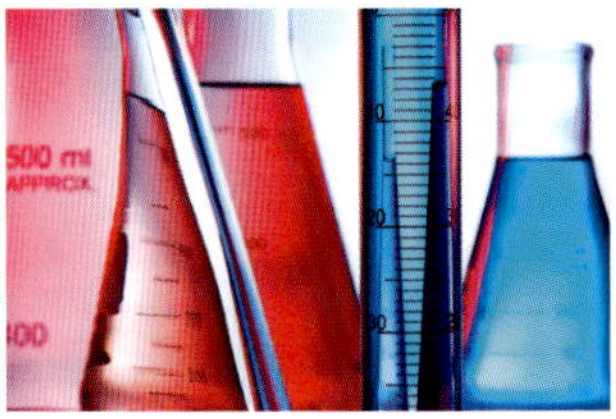

- Wichtige Aspekte in allgemein verständlichen Worten ausführen
- Versuchsergebnisse selbst in eigenen Worten im Gesamtzusammenhang der Arbeit interpretieren
- Stichworte zur Einordnung des Versuchs in den Gesamtzusammenhang Ihrer Arbeit formulieren (für späteres Gliedern Ihres Themas wichtig)

Übung:

1. Suchen Sie Informationsquellen, wie sie oben beschrieben wurden: z. B. Experimente oder Interviews zu einem bestimmten Thema!
2. Verarbeiten Sie jede Quelle wie oben beschrieben!
3. Stellen Sie Ihre Ergebnisse vor!
4. Vergleichen Sie die Ergebnisse untereinander!

Internet

Ein unverzichtbares Hilfsmittel zur Beschaffung von Informationen ist das Internet geworden. Dabei lassen sich zwei grundsätzlich unterschiedliche Vorgehensweisen unterscheiden:

- Datenbankrecherche
- Internetrecherche

Datenbankrecherche

In den letzten Jahren wurden viele traditionelle Bibliothekskataloge durch elektronische Kataloge (Web-Kataloge) ersetzt. Web-Kataloge sind also von Menschen gepflegte Einträge in katalogisierter Form. Diese Fachdatenbanken erlauben die gezielte Recherche nach zuverlässigen Fachinformationen und eignen sich deshalb für die Suche nach einem bestimmten Thema oder Sachgebiet.

Beispiel

Sie suchen Informationen zum Thema „Generationenvertrag in der Sozialversicherung“.

Sowiport ist eine Datenbank für Sozialwissenschaften und bündelt und vernetzt qualitätsgeprüfte Informationen nationaler und internationaler Anbieter (http://www.sowiport.de).

Tipp!

Weitere Fachdatenbanken finden Sie … na klar: über das Internet. (Suchbegriff: Fachdatenbank + Name des Fachbereichs – z. B. Geschichte/Psychologie/Chemie …).

Internetrecherche

Bei der Internetrecherche werden sogenannte Suchmaschinen eingesetzt. Suchmaschinen sind Programme zur automatischen Durchsuchung nach Dokumenten, die in einem Computernetzwerk vorhanden sind. Suchmaschinen eignen sich daher bei der Suche nach speziellen, schwer einzuordnenden Informationen.

Beispiel

Im Zusammenhang mit dem Generationenvertrag sind Sie auf den Begriff „Schreiber-Plan“ gestoßen. Sie nutzen die Suchmaschine Google und geben „Schreiber-Plan“ als Suchkriterium ein.

Beim Einsatz von Suchmaschinen sollten Sie die gesuchten Begriffe möglichst genau formulieren, mehrere Begriffe miteinander kombinieren und das Suchergebnis schrittweise einengen (selbst der relativ detaillierte Suchbegriff „Schreiber-Plan“ liefert noch ca. 5 Mio. Treffer (!) – darunter sind viele Treffer, die mit dem gesuchten Schreiber-Plan nichts zu tun haben).

Tipps!

Suchart	Beispiel	Findet Dokumente …
Logisches UND	Brunch AND Berlin	die alle gesuchten Wörter enthalten
Logisches Oder	Berlin OR Bonn	die mindestens eins der gesuchten Wörter enthalten
Phrase	„Ich bin ein Berliner“	in denen die Wortkombination vorkommt
Logisches Negieren	Golf NOT VW	die das nach NOT folgende Wort nicht enthalten
In der Nähe von	Microsoft NEAR Gründung	in denen die Wörter nahe beieinanderstehen
Platzhalter	Ste*an	die Stefan und Stephan enthalten
URL-Suche	URL: ebay	(Webadresse von Ebay)
Titelsuche	TITLE: Goethe	(Artikel über Goethe)

Die Internetrecherche erfreut sich großer Beliebtheit. Sie bietet in der Tat eine bequeme Möglichkeit schnell an aktuelle Informationen zu kommen. Doch Sie sollten jede Seite auch kritisch hinterfragen: Wer ist der Autor? Welchen Zweck verfolgt er mit der Seite? Wie aktuell ist die Seite? (letztes Update?)

Vor- und Nachteile der Internetrecherche

Vorteile	Nachteile
• Große Mengen verfügbarer Informationen • Unterschiedliche Dateitypen • Aktuelle Informationen • Schneller Zugriff vom Arbeitsplatz aus	• Unstrukturierte Suche, daher unübersichtliche Suchergebnisse • Mangelnde Dauerhaftigkeit • Keine Gewähr für inhaltliche Korrektheit der Seite

Metasuchmaschinen

Falls Ihnen die Ergebnisse einer Suchmaschine nicht ausreichen, gibt es die Möglichkeit sog. Metasuchmaschinen einzusetzen. Metasuchmaschinen leiten die Anfrage an mehrere Suchmaschinen weiter und listen dann auf, welche Suchmaschine wie viele Treffer hat.

Beispiele

www.metager.de, www.metacrawler.de

3 Wie gliedere ich mein Thema?

Informationen Stichwörtern zuordnen

Schon während Sie Ihre einzelnen Informationsquellen bearbeiten, sollten Sie ihnen Stichwörter zuordnen und diese in Ihr Gesamtthema einordnen. So können Sie eine ungeordnete Masse von Detailinformationen vermeiden.

Aufbau einer Gliederung, den roten Faden spinnen

Nach und nach entsteht so eine Stichwortsammlung zu Ihrem Thema, die Sie z. B. mithilfe eines Mindmaps (siehe S. 26ff) ordnen können.

Im nächsten Schritt zu einer Gliederung bringen Sie Ihre vorsortierten Stichworte in eine sinnvolle, aufeinander aufbauende Reihenfolge. Im Mindmap haben Sie Äste und Zweige (= Über- und Unterpunkte) zu Ihrem Thema gefunden. Wenn Sie die Äste als Hauptgliederungspunkte aneinanderreihen, sollte ein roter Faden für Ihre Arbeit entstehen. Hier stellen Sie möglicherweise fest, dass der eine oder andere Punkt sich nicht einordnen lässt. Wahrscheinlich gehört er dann nicht zentral in Ihr Thema. Also lassen Sie ihn vorerst weg. Werfen Sie die hierzu gehörenden Informationen aber nicht weg. Vielleicht können Sie diese später doch noch brauchen. Die Hauptäste mit ihren Verzweigungen bilden in Ihrer Gliederung ein Kapitel mit seinen Unterkapiteln oder Abschnitten.

Am Schluss dieses Arbeitsschrittes steht eine erste detaillierte Gliederung Ihrer Arbeit. Versehen Sie Ihre Gliederung mit einer übersichtlichen, durchgehenden Nummerierung.

z. B. mit der Dezimalzählung

1.

1.1

1.2

1.3

2.

2.1

2.1.1

usw.

oder einer gemischten Zählung

A.

A.1

A.1.a

A.1.b

A.1.c

A.2

A.2.a

usw.

Beispiel einer Gliederung mit gemischter Zählung

Thema: **Arm und Reich in China** – Welche Rolle spielt der Wirtschaftsaufschwung?

Ergebnisse

1 Ergebnis dokumentieren

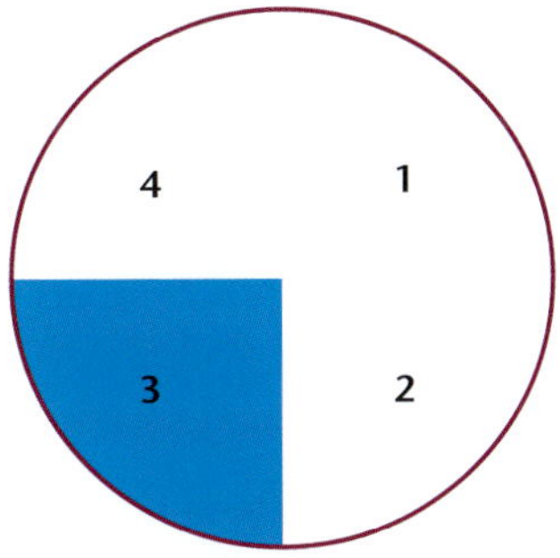

Der Abschluss eines Projekts besteht darin, die gewonnenen Erkenntnisse zu dokumentieren, zu präsentieren oder in einem Gespräch zu vertreten. In den nachfolgenden Kapiteln erhalten Sie Hinweise, wie Sie dabei am besten vorgehen.

Aus der Gliederung wächst in den nächsten Wochen nach und nach Ihre Dokumentation.

Zunächst geben Sie Ihrer Arbeit, falls noch nicht geschehen, einen passenden Titel. Danach verfassen Sie Ihr Exposé, schreiben Ihren Text, verfassen ein Literaturverzeichnis und legen die Form fest. Am Schluss überprüfen Sie, ob alles Ihren Vorstellungen entspricht.

1.1 Wie finde ich einen Titel?

Wie lautet die Fragestellung, die Sie bearbeiten bzw. beantworten wollen? Was ist der Kern Ihrer Arbeit? Genau das sollte der Titel ausdrücken. Dabei soll er kurz und schnell zu erfassen sein. Sie können auch mit Titel und Untertitel arbeiten: z. B.: Lebenswertes Leben danach? – Organempfänger vor und nach ihrer „zweiten Geburt".

Überlegen Sie außerdem, ob der Titel stilistisch zu Ihnen und Ihrer Arbeit passt.

Zum Beispiel: „Chatten ist geil!" oder „Moralische Dilemma-Diskussion am Beispiel des Abortus artificialis".

1.2 Wie entsteht aus meiner Gliederung ein Exposé?

Ihr Exposé soll Sie und alle anderen neugierig auf Ihre Arbeit machen! Hiermit „verkaufen" Sie den Mitschülern und Lehrern Ihr persönliches Arbeitsthema.

Im Exposé beschreiben Sie die Ziele, die Sie mit Ihrer Dokumentation erreichen wollen und erklären den Weg, auf dem Sie zu Ihren Zielen kommen wollen. Dies formulieren Sie in einem zusammenhängenden Text aus. Das hilft Ihnen festzustellen, ob in Ihrer Arbeit und der Gliederung noch konzeptionelle oder logische Schwächen, Lücken oder Gedankensprünge liegen und Sie sich realistische Ziele gesetzt haben.

Außerdem planen Sie im Exposé Ihre konkreten Arbeitsschritte. Sie beschreiben, was Sie bis wann erledigt haben wollen und wie Sie dabei vorgehen werden. Damit können Sie selbst überprüfen, ob Sie sich realistische Ziele gesteckt haben und ob Sie Ihre Dokumentation wirklich zum geplanten Termin fertigstellen können.

Mit einem guten Exposé vermeiden Sie, beim Arbeiten in Sackgassen zu landen und unnötig Zeit zu verlieren.

Und die betreuenden Lehrer erkennen anhand des Exposés, auf welchen Weg Sie sich in Ihrer Arbeit begeben und können konkrete Hilfestellungen und Tipps für die weitere Arbeit geben.

Tipp!

Formulieren Sie Ihr Exposé so, dass andere (Lehrer, Mitschüler, Freunde, Eltern ...) von der Bedeutung Ihrer Arbeit überzeugt werden. Sie wollen ihnen Ihr Arbeitsthema verkaufen.

In ein Exposé gehören:

- (vorläufiger) Titel der Dokumentation
- Thema mit Problemzusammenhang und Abgrenzungen
- Ergebnisse der bisherigen Recherchen in Kurzform
- Hauptfrage(n) und Hypothese(n), denen der Autor auf den Grund gehen will (= Ziele)
- (vorläufige) Gliederung der Dokumentation
- geplante Arbeitsschritte und verwendete Methoden
- Zeitplan

1.3 Wie entsteht mein Text?

Zunächst legen Sie sich einen realen oder virtuellen Aktenordner mit den Teilen der geplanten Arbeit an: Titelblatt, Vorwort, Inhaltsverzeichnis, Einleitung, Hauptteil usw.

Im nächsten Schritt verfassen Sie zu jedem Gliederungspunkt Ihrer Arbeit einen ersten Entwurf, den Sie so lange überarbeiten, bis Sie mit Ihrem Ergebnis zufrieden sind und die Schlussfassung formuliert haben.

Danach bringen Sie alles in die gewünschte Form und unterwerfen es einer kritischen Überprüfung. Schon ist Ihre Dokumentation fertig.

Aus welchen Teilen besteht eine Dokumentation?

In der Regel beinhaltet eine Dokumentation die folgenden Teile. Je nach Themenwahl und Problemstellung kann Ihre Arbeit teilweise von diesem Standard abweichen.

Titelblatt
Hierhin gehören der Titel der Arbeit, Verfasser, der Titel des Kurses, das Schuljahr, die betreuenden Lehrer und das Abgabedatum.

Alles sollte sachlich richtig und übersichtlich angeordnet sein.

Vorwort
Das Vorwort kann individuell gestaltet werden. Hierhin gehören Hinweise zum Entstehen der Arbeit, zur Themenfindung und zum persönlichen Interesse. Alles Außergewöhnliche auf dem Weg zur fertigen Arbeit kann hier erwähnt werden, genauso wie der Dank an alle, die Sie unterstützt haben.

Gliederung/Inhaltsverzeichnis
Im Inhaltsverzeichnis nennen Sie die einzelnen Kapitel und Unterkapitel Ihrer Arbeit mit den Seitenzahlen. Der „rote Faden" Ihrer Arbeit soll hier gut erkennbar sein.

Einleitung
Hier beginnt der inhaltliche Teil Ihrer Dokumentation und damit auch die Seitenzählung. Sie führen den Leser zu Ihrer Fragestellung hin und ordnen Ihr Thema in größere Zusammenhänge ein. Auf dem Weg ins sachliche Zentrum Ihrer Arbeit erklären Sie hier den Aufbau Ihrer Gliederung sowie Ihr methodisches Vorgehen.

Machen Sie den Leser neugierig auf Ihre Arbeit, aber versprechen Sie nichts, was Sie später nicht halten können.

Hauptteil
Jetzt führen Sie in verschiedenen Kapiteln und Unterkapiteln Ihren Weg durch das Arbeitsthema aus und verwenden hierbei eine angemessene Sprache. Sie klären zentrale Begriffe und bringen Ihre erarbeiteten Fachkenntnisse zum Thema vor. Sie stellen Ihr Problem dar bzw. Ihre Hypothese(n) zum Thema auf. Danach folgen Ihre eigenen Recherchen, Untersuchungen, Befragungen, Experimente, um Ihre Hypothese(n) zu überprüfen. Und schließlich stellen Sie Ihre Ergebnisse bzw. Ihre Argumentation zur Problemlösung dar.

Die Hauptteile können sich, je nach Thema, stark voneinander unterscheiden. Eine naturwissenschaftliche Arbeit kann nicht wie eine sozialwissenschaftliche gestaltet werden. Achten Sie immer darauf, den roten Faden nicht zu verlieren und nur zentrale Inhalte in die Arbeit aufzunehmen. Der Aufbau des Hauptteils muss in sich schlüssig sein und darf keine nutzlosen Sackgassen enthalten.

Zusammenfassung
Der Schluss der Arbeit beinhaltet eine anschauliche Kurzfassung der wichtigsten Ergebnisse des Hauptteils und bringt diese auf den Punkt. Die Ergebnisse müssen folgerichtig aufgebaut und klar verständlich formuliert sein.

Der Leser sollte die Hauptzüge der Arbeit verstehen können, wenn er ausschließlich die Einleitung und die Zusammenfassung gelesen hat.

Literaturverzeichnis
Alle Quellen, die Sie in Ihrer Arbeit benutzt haben, führen Sie in alphabetischer Reihenfolge auf. Aber nur die und nicht mehr!

⇒ Ausführlicher im Anschluss: Wie zitiere und verfasse ich ein Literaturverzeichnis? (siehe S. 47ff.)

Abbildungs-, Tabellen- und Abkürzungsverzeichnis
Überprüfen Sie, ob alle verwendeten Abbildungen und Tabellen zum Verständnis der Arbeit beitragen. Vielleicht können Sie auf die eine oder andere verzichten. Ebenso sollten Sie kontrollieren, ob alle Tabellen und Abbildungen im Text erläutert werden.

Danach nummerieren Sie alle Abbildungen von 1 bis x durch und listen sie in einem eigenen Verzeichnis auf einer eigenen Seite auf. Genauso verfahren Sie mit Ihren Tabellen. Falls Sie besondere Abkürzungen verwendet haben, legen Sie auch hierfür ein eigenes, alphabetisches Verzeichnis an.

Anhang
Der Anhang gehört nicht mehr zum offiziellen Teil der Arbeit, deren Umfang in der Regel begrenzt ist. Die Materialien des Anhangs dürfen zum Verständnis der Arbeit und Ihrer Ergebnisse nicht notwendig sein. Aber es hilft dabei, im Hauptteil dargestellte Befragungsergebnisse genauer nachvollziehen zu können, wenn Sie die Fragebögen und Ihre Auswertungen in den Anhang stellen.

Je nach Anlage der Arbeit finden sich hier Resultate von Versuchsreihen, ergänzende Tabellen, Versuchs- oder Interviewprotokolle, Anschreiben an Experten zu Ihrem Thema, etc.

Wenn Ihr Anhang umfangreich ist, sollten Sie ihm ein Inhaltsverzeichnis mit eigener Zählung voranstellen.

Wie schreibe ich meinen Text?

Vom ersten Entwurf bis zur Schlussfassung

Erster Entwurf
Sie haben Ihr gesammeltes und nach den Stichworten Ihrer Gliederung geordnetes Material vor sich. Hieraus verfassen Sie in Ihren eigenen Worten und Zitaten erste Textteile. Diese Texte ergänzen Sie mit Ihren Kommentaren und verbinden die Textteile. Denken Sie daran Ihre Quellen kenntlich zu machen!

Trennen Sie deutlich Ihre eigene Argumentation zum Thema von diesen Fremdteilen Ihrer Arbeit, die meist die Sachinformationen zum Arbeitsthema enthalten. Der Leser muss klar erkennen, was von Ihnen stammt und was Sie aus anderen Quellen übernommen haben. Die Arbeit soll insgesamt Ihre Handschrift tragen. Ihre Argumentation und Ihr Aufbau sollen der Arbeit die Struktur geben. Die benutzten Quellen sind lediglich die Hilfsmittel auf dem Weg zu Ihren Zielen. Achten Sie darauf, dass diese nicht überhand nehmen und Ihre persönliche Handschrift dahinter zu verschwinden droht.

Überarbeiteter Entwurf
Lesen Sie Ihren ersten selbst formulierten Entwurf mehrfach durch und überprüfen ihn auf folgende Fragen:

- Ist Ihr Argumentationsgang, d. h. der rote Faden, durch die gesamte Arbeit für den Leser ohne Schwierigkeiten erkennbar?
- Sind wichtige Themen ausführlicher dargestellt als unwichtige?
- Sind die logischen Zusammenhänge, die Übergänge zwischen den Kapiteln sinnvoll und verständlich formuliert?
- Gibt es Lücken oder Sprünge im Aufbau der Argumentation?
- Haben Sie einzelne Teile zu ausführlich beschrieben oder langweilen den Leser durch Wiederholungen?
- Ist ein Kapitel für den Argumentationsgang entbehrlich oder stört es sogar den Aufbau?

Wenn Sie diese Fragen zu Ihrer Zufriedenheit beantworten können, erstellen Sie Ihre **Schlussfassung**:

Korrigieren Sie Rechtschreib- und Zeichenfehler in Ihrem Text. Die Rechtschreibhilfen der meisten Textverarbeitungsprogramme bieten Ihnen eine erste, aber längst nicht ausreichende Hilfestellung auf dem Weg zu einer fehlerfreien Arbeit.

Lassen Sie die Arbeit von jemandem lesen, der bisher noch nichts mit dem Text zu tun hatte. Sie selbst sind inzwischen nach dem x-ten Lesen wahrscheinlich blind gegenüber Buchstabendrehern, holprigen oder falschen Formulierungen usw.

Falls Sie die Arbeit bislang noch nicht ausgedruckt haben, sollten Sie das jetzt tun. Die Nummerierung der Kapitel und die Übersichtlichkeit lassen sich in der Papierversion leichter überprüfen.

1.4 Wie zitiere und verfasse ich ein Literaturverzeichnis?

Alles, was Sie aus fremden Quellen für Ihre Arbeit nutzen, muss genannt werden!

Egal ob Sie eine Quelle wörtlich zitieren oder ob Sie diese in Ihren eigenen Worten wiedergeben, sogar wenn Sie eine Quelle in Ihrer Arbeit widerlegen, müssen Sie jedes Hilfsmittel, jede benutzte Quelle angeben. Das gilt für alle Materialien, unabhängig davon, ob es Texte, Abbildungen, Diagramme, Tabellen oder andere Quellen sind. Natürlich gilt dies auch für Quellen aus dem Internet.

Mit Ihrer Quellenangabe ermöglichen Sie dem Leser, Ihren Argumentationsgang genau nachzuvollziehen. Und das bedeutet, dass der Leser Ihrer Dokumentation in die Lage versetzt wird Ihre Informationsquelle(n) zu finden.

Wörtliche Zitate:
Wörtliche Zitate werden exakt so übernommen, wie Sie sie vorfinden, selbst mit Schreibfehlern oder in veralteter Schreibweise, und in Anführungszeichen gesetzt.

Wenn Sie bei wörtlichen Zitaten etwas weglassen, kennzeichnen Sie die Lücke im Zitat mit drei Punkten, die Sie in eckige Klammern setzen [...].

Kurzzitate mit bis zu einem Satz fügen Sie in Anführungszeichen in Ihren Text ein.

Ausführlichere Zitate werden zu einem eigenen Absatz zusammengefasst, leicht nach rechts eingerückt, einen Schriftgrad kleiner und mit einfachem Zeilenabstand geschrieben. Wenn das Zitat nicht zum Verständnis Ihres Textes notwendig ist, gehört es in eine Anmerkung ans Seitenende. Ein Zitat soll nicht zur Verlängerung des Textes, sondern zum besseren Verständnis Ihrer Arbeit beitragen!

Die Quelle jedes Zitats muss angegeben werden. Die Kurzangabe gehört entweder in Klammer direkt hinter das Zitat oder in eine Anmerkung an das Seitenende (Autor, Jahr, Seite). Die vollständige Literaturangabe des zitierten Textes nehmen Sie ins Literaturverzeichnis Ihrer Arbeit auf. Mithilfe der Kurzangabe kann der Leser die vollständige Literaturangabe finden.

Beispiel

Kurzzitat:
„Wir sind nie grundlos wütend, aber selten aus einem guten Grund."(Coleman, 1997, S. 83)

Ausführliches Zitat:

> „Benjamin Franklin hat das schön formuliert: ‚Wir sind nie grundlos wütend, aber selten aus einem guten Grund. Natürlich gibt es verschiedene Arten von Ärger und Wut. Die plötzlich aufflammende Wut über den Fahrer [...] kann ihre Quelle durchaus im Mandelkern haben.'" (Coleman, 1997, S. 82f.)

Vollständige Literaturangabe:
Coleman, Daniel: Emotionale Intelligenz, übers. v. Friedrich Griese, München, Hanser, 1997, S. 82f.

Wenn Sie nicht wörtlich, sondern sinngemäß zitieren, vermerken Sie das in einer Fußnote am Ende des Abschnitts: Vgl. + Literaturangabe.

Übung

Suchen Sie kurze und lange Zitate und binden Sie diese – wie oben beschrieben – in einen selbst formulierten Text ein!

Literaturverzeichnis

Alle Quellen, die Sie in Ihrer Arbeit benutzt haben, führen Sie in alphabetischer Reihenfolge im Literaturverzeichnis auf. Aber nur diese Quellen gehören in Ihr Literaturverzeichnis und nicht alles, was Sie zum Thema Ihrer Arbeit jemals gelesen, gehört, gesehen haben.

Sie können, vor allem wenn Sie eine literarische Arbeit schreiben, zwischen Primär- und Sekundärquellen trennen und zwei getrennte Verzeichnisse anlegen. Primärquellen sind Originalquellen, die Sie bearbeitet haben (z. B. J. W. von Goethe, Faust). In Sekundärquellen finden Sie Aussagen Dritter über die Primärquelle (z. B. Hermes, E., Lektürehilfen J. W. von Goethe: Faust I/II).

Eine Quellenangabe im Literaturverzeichnis muss folgende Angaben enthalten:

- Den Namen des Autors bzw. der Autoren
- Den vollständigen Titel und Untertitel
- Den Titel der Reihe, in der das Werk erschienen ist (wenn vorhanden)
- Den Herausgeber (wenn vorhanden)
- Den Verlag
- Den Erscheinungsort
- Die Auflage (ab der zweiten)
- Das Erscheinungsjahr
- Bei Aufsätzen die Seitenangabe für den gesamten Aufsatz sowie die zitierte Seite
- Bei Aufsätzen den Titel des Gesamtwerks oder der Zeitschrift mit Jahr und Bandnummer
- Bei Internetquellen verwenden Sie die gleiche Zitierweise und ergänzen sie durch „im Internet: http://www. ..." [Stand: „Datum des Abrufs der Seite"].

Beispiele für Literaturangaben:

- **Ein/zwei Autor/-en (ggfs. noch der Übersetzer):**
  Coleman, Daniel: Emotionale Intelligenz, übersetzt von Friedrich Griese, Hanser, München, 1997.
- **Mehr als drei Autoren:**
  Späte, Dietrich u. a.: Aufbautraining für Jugendliche, Handball Handbuch 3, hrsg. v. Deutschen Handball Bund, Philippka Verlag, Münster, 1992.
- **Sammlung einzelner Werke mit Herausgeber:**
  Küng, Hans/Kuschel, Karl-Josef (Hg.): Wissenschaft und Weltethos, Piper Verlag, München, 1998.

- **Aufsatz in einer Sammlung:**
  Weizsäcker, Ernst Ulrich von: Ökologisches Weltethos. In: Küng, Hans/Kuschel, Karl-Josef: Wissenschaft und Weltethos, Piper, München, 1998, S. 337–356.
- **Aufsatz in einer (Fach-)Zeitschrift:**
  Brand, Heiner: Aktive 6:0-Abwehr. Mit den Rückraumspielern spielen. In: Handballtraining, 2004 (26. Jg.), Heft 9 + 10, S. 4–12.
- **Internetquelle:**
  Meyer, Gerd: Was heißt mit Zivilcourage handeln? In: Zivilcourage lernen, hrsg. v. Bundeszentrale für politische Bildung, 2004, S. 22–41. Im Internet: http://www.bpb.de/files/CA89I0.pdf. (14.03.2012)

Tipp!

Sammeln Sie alle benutzten Quellen sofort in einer eigenen Datei (oder auf Karteikarten) und sortieren Sie diese alphabetisch. Damit ist Ihr Literaturverzeichnis schnell fertig.

Übung

Suchen Sie verschiedene Informationsquellen zu einem Thema und verfassen Sie ein Literaturverzeichnis!

1.5 Welche Form soll meine Dokumentation bekommen?

Die äußere Form hinterlässt **den ersten Eindruck** Ihrer fertigen Arbeit.

Deswegen lohnt es sich hier viel Zeit, etwa 10–14 Tage, einzuplanen und zu investieren. Leider sind viele Zeitpläne zu eng gestrickt oder der Beginn der Arbeit ist immer wieder nach hinten verschoben worden („Wir müssen doch erst in vier Wochen abgeben!"), sodass hier oft nur noch mit Nachtschichten das Schlimmste verhindert werden kann. Und genau dann geht bestimmt noch der Drucker, der Rechner, das Netzwerk oder der Autor selbst in die Knie.

Kurzum, nehmen Sie sich Zeit für diesen Teil.

Eine übersichtliche und attraktive äußere Form der Arbeit ist Ihre Visitenkarte beim Leser.

Layout:
Das Layout der gesamten Arbeit muss einheitlich sein. Dies verbessert die Übersicht. Gestalten Sie Ihr Layout möglichst klar und einfach und gehen Sie sparsam mit Hervorhebungen durch Fett- oder Kursivdruck um: Halten Sie sich an die Formatvorgaben Ihrer Schule.

Beispiel

Schriftgrad 12, 1,5-facher Zeilenabstand, Seitenränder links 2 und rechts 3 cm, oben und unten jeweils 2 cm

- Verwenden Sie nicht mehr als zwei gut lesbare Schrifttypen.
- Verwenden Sie für den Text nicht mehr als drei Farben oder Grau-Schwarz-Abstufungen.
- Nummerieren Sie Ihre Kapitel im Inhaltsverzeichnis und im laufenden Text durch.
- Nummerieren Sie Ihre Seiten in den Kopf- oder Fußzeilen.
- Verwenden Sie nur zum Verständnis hilfreiche Abbildungen und Tabellen.
- Verwenden Sie nur übersichtliche Abbildungen und Tabellen.

Kopf- und Fußzeile:
Sie müssen erkennbar vom Fließtext getrennt sein, z. B. kleinerer Schrifttyp. In die Kopfzeile gehört das aktuelle Kapitel und die Seitenzahl.

In die Fußzeile gehören die nummerierten Fußnoten der aktuellen Seite und gegebenenfalls die Seitenzahl (einheitlich in der ganzen Arbeit).

Anordnung der einzelnen Arbeitsteile:
Trennen Sie die Hauptteile der Arbeit deutlich voneinander ab. Beginnen Sie jeweils eine neue Seite. Lassen Sie Absätze zwischen den einzelnen Kapiteln. Das erhöht die Übersichtlichkeit für den Leser.

Einbau von Tabellen und Abbildungen:
Jede Tabelle und Abbildung muss im Text erläutert werden. Die Tabellen und Abbildungen veranschaulichen den geschriebenen Text, aber sie ersetzen ihn nicht.

Tabellen und Abbildungen werden durchgehend nummeriert und im Text mit Nennung der Nummer erläutert.

Beispiel

Wie in Abb. 1 zu erkennen ist, herrscht in Deutschland ein großer Mangel an Spenderorganen.

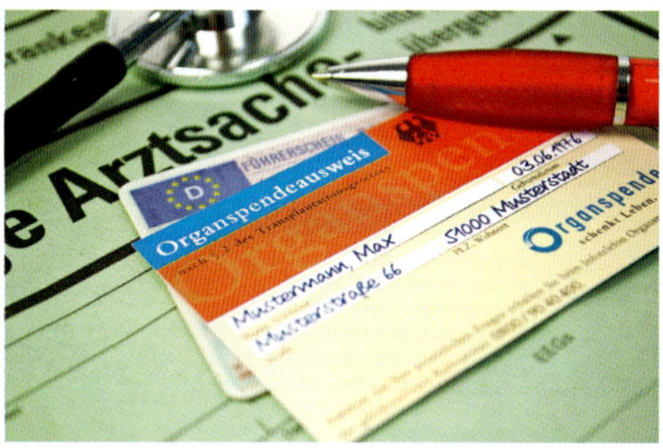

Datenquelle: www.organspende-info.de, Stand: 15.03.2012

Organ	Warteliste pro Jahr in Deutschland	Spender in Deutschland (Stand: 2011)
Herz	1222	592
Lunge	997	607
Leber	2530	1014
Pankreas (Bauchspeicheldrüse)	304	92
Niere	10231	10070

Verwenden Sie nur übersichtliche Tabellen und Abbildungen, die Wesentliches zum Verständnis der Arbeit beitragen. Zum Verständnis nicht notwendige Tabellen und Abbildungen gehören in den Anhang.

1.6 Letzte Kontrolle!

Wenn die Arbeit vollständig fertiggestellt ist, folgt noch eine wichtige, letzte Kontrolle:

- Habe ich nichts vergessen?
- Ist nichts Überflüssiges in der Arbeit?
- Sind die Seitenzahlen, Fußnoten, Tabellen, Abbildungen am richtigen Platz?
- Sind die Tabellen und Abbildungen gut lesbar?
- Ist das Literaturverzeichnis aktuell und vollständig?
- Ist der Anhang sortiert und vollständig?
- Habe ich genügend Exemplare meiner Dokumentation ausgedruckt bzw. kopiert?
- Ist jedes Exemplar der Dokumentation vollständig?

Mit allem zufrieden? Herzlichen Glückwunsch! Sie haben eine große Leistung vollbracht, die Sie jetzt in Händen halten und jederzeit, z. B. bei Bewerbungen, vorlegen können.

1.7 Bewertungskriterien einer Dokumentation

Wie wird Ihre Leistung beim Verfassen der Dokumentation bewertet?

Letztlich entscheiden natürlich Ihre Lehrer über die Kriterien, nach denen sie Ihre Arbeit bewerten.

Die Autoren dieses Buches bewerten die Dokumentationen nach folgenden drei Kriterien:

Aufbau und Inhalt | Äußere Form | Wissenschaftlichkeit

Aufbau und Inhalt

- Ist die Arbeit schlüssig gegliedert?
- Ist ein roter Faden vorhanden und wird er durchgehalten?
- Hält die Arbeit, was der Titel verspricht?
- Ist die vertiefte Beschäftigung mit dem Thema zu erkennen (Fachkompetenz)?
- Wird das Thema problematisiert?
- Werden realistische Lösungsansätze dargestellt?

- Wird eine persönliche Position zum Thema deutlich?
- Wird eine angemessene Sprache verwendet?
- Ist die Arbeit fließend zu lesen (Stil)?

Äußere Form

- Wie ist das Titelblatt gestaltet?
- Ist die gesamte Arbeit übersichtlich gestaltet (Gliederung, Seiten, Verzeichnisse, usw.)?
- Entspricht die Arbeit den formalen Vorgaben?
- Werden Tabellen, Grafiken, Abbildungen sinnvoll integriert?
- Entspricht die Rechtschreibung und Zeichensetzung den aktuellen Regeln?

Wissenschaftlichkeit

- Werden alle benutzten Quellen/Hilfsmittel angegeben?
- Sind alle benutzten Quellen mithilfe des Quellenverzeichnisses zu finden?
- Wird „richtig" zitiert?
- Entspricht der Umgang mit Fußnoten, Anmerkungen usw. den (eingeübten) Vorgaben?
- Werden wissenschaftliche Begriffe und Methoden fachgerecht benutzt?
- Werden wissenschaftliche Ergebnisse zum Arbeitsthema in der Arbeit richtig wiedergegeben?
- Werden Statistiken, Abbildungen, Grafiken usw. sinnvoll integriert ?

Web

Einen Beispiel-Bewertungsbogen für Dokumentationen finden Sie im BuchPlusWeb-Material.

2 Ergebnis präsentieren

Was ist eine Präsentation?

Häufig werden Sie Ihre Ergebnisse nicht nur schriftlich dokumentieren, sondern auch vor einem Publikum präsentieren. Bei einer Präsentation werden Zuschauern visualisierte Inhalte vorgetragen. Präsentieren bedeutet Informationen gegenwärtig machen, darbieten und vorzeigen, kurz verkaufen.

Was ist das Ziel?

Der Höhepunkt eines Projektes ist die öffentliche Präsentation der fertigen Arbeiten. In einer entsprechenden Schulveranstaltung können Sie so geeignete Teile aus Ihrer Dokumentation darbieten.

Auch wenn Sie zunächst vielleicht nicht darüber begeistert sind, Ihre Leistungen einem großen

Publikum vorzutragen, erhalten Sie auf diese Weise eine wichtige und positive Bestätigung für Ihre im Projekt erworbenen und trainierten Fähigkeiten.

Sie haben sich inzwischen intensiv mit einem Thema auseinandergesetzt und sind so zu einem Experten geworden. Nun sollen Sie Ihre Kenntnisse einem Publikum darbieten. Sie müssen jetzt festlegen, was Sie Ihren Zuhörern vermitteln wollen, denn nicht alles, was Sie in Ihrer Dokumentation erarbeitet haben, ist bei einer Präsentation für den Zuhörer wichtig und interessant.

Überlegen Sie sich deshalb zuerst:

- Was ist das Ziel meines Vortrags?
- Will ich informieren oder überzeugen? (Oder beides?)
- Welche Aspekte des Themas sind interessant und wichtig?

Tipp!

Formulieren Sie Ihre Fragen und Antworten möglichst schriftlich (umso präziser wird Ihre Auswahl für die Präsentation).

Beispiele

Thema:
Jugendsünde Rauchen

Fragen	Antworten
Welches Ziel möchte ich erreichen?	über den Tabakkonsum Jugendlicher informieren und zum Nachdenken anregen
Worüber möchte ich konkret informieren?	– wie werden Jugendliche zum Rauchen verführt? – aktuelle Zahlen zum Tabakkonsum Jugendlicher – welche Auswirkungen hat der Tabakkonsum auf Jugendliche?

Thema:
Gesundheit und Rauchen

Fragen	Antworten
Welches Ziel möchte ich erreichen?	– die Gefahren des Rauchens deutlich machen und dadurch Menschen hindern zum Raucher zu werden
Worüber möchte ich konkret informieren?	– Inhaltsstoffe einer Zigarette – gesundheitliche Folgen des Rauchens anhand von Beispielen
Wovon möchte ich überzeugen?	Rauchen ist gesundheitsschädlich

Wenn Sie für sich solche Fragetypen beantwortet haben, fällt es Ihnen leichter, Ihre Dokumentation zu einer interessanten Präsentation umzugestalten.

Was muss ich bei der Vorbereitung auf eine Präsentation beachten?

- Setzen Sie sich zuerst ein **Ziel**.
  ➜ Was will ich den Zuhörern vermitteln?
- Erkundigen Sie sich nach dem **Publikum**.
  ➜ Wer hört mir zu?
- Betrachten Sie sich den **Raum**, in dem die Präsentation stattfindet.
  ➜ Wie kann ich den Raum gestalten?
- Machen Sie sich Gedanken über **Aufbau und Struktur** des Vortrags.
  ➜ Wie teile ich die Inhalte ein? (= Vortrag mit System)
- Überdenken Sie, welche Informationen Sie **visualisieren**.
  ➜ Welche Inhalte stelle ich bildhaft dar?
- Planen Sie den optimalen Einsatz von **Medien**.
  ➜ Wie setze ich die visualisierten Inhalte am besten ein?
- Bedenken Sie, **der Vortragende** ist das wichtigste Medium.
  ➜ Wie trete ich persönlich auf?

Das A und O einer gelungenen Präsentation

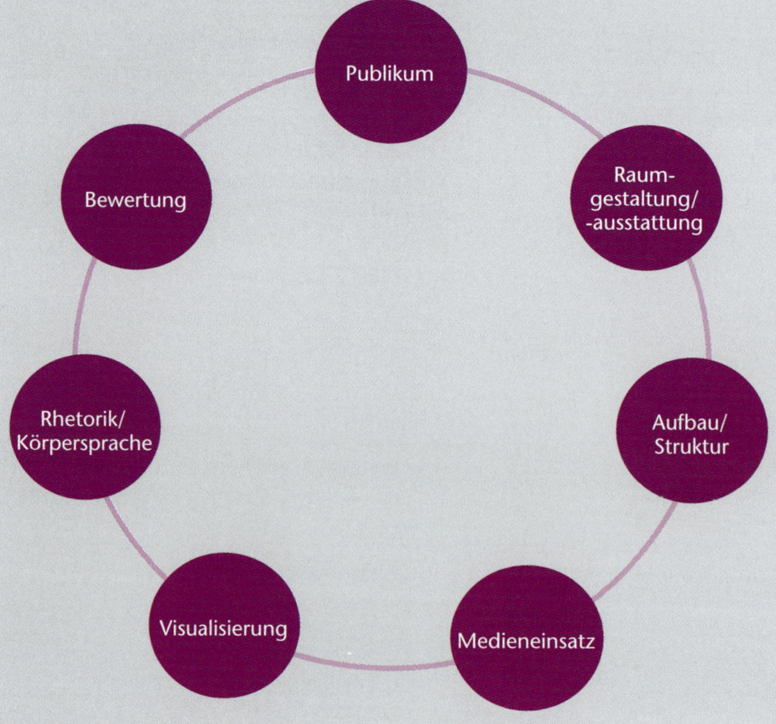

2.1 Wer ist mein Publikum?

Nachdem Sie geklärt haben, was Sie mit Ihrer Präsentation erreichen wollen, sollten Sie der Frage nachgehen, bei wem Sie diese Ziele erreichen wollen. Es geht also um die zentrale Frage: Wer ist Ihr Publikum?

Warum ist diese Frage überhaupt wichtig?

Je besser Ihre Kenntnisse über Ihr Publikum sind, desto

- einfacher können Sie es für sich einnehmen,
- gezielter können Sie Ihre Inhalte anbieten,
- genauer können Sie sich auf Fragen vorbereiten.

In der Regel wird Ihr Publikum aus Mitschülern Ihrer Schule bestehen. Vereinzelt können interessierte Lehrer, Eltern oder weitere Personen hinzukommen. Bei der Analyse Ihrer Zuhörerschaft interessiert Sie vor allem:

- wie viele Zuhörer werden kommen?
  – wichtig für die Anzahl und Anordnung der Sitzplätze
- kommen Sie freiwillig oder ist die Teilnahme Pflicht?
  – muss ich für mein Thema erst Interesse wecken oder ist das bereits vorhanden?
- wie ist der Wissensstand zum Thema?
  – kann ich bestimmte Grundlagen zum Thema voraussetzen (z. B. weil sie bereits in Biologie behandelt wurden) oder muss ich erst die Grundlagen legen, damit meine Zuhörer nicht überfordert sind?
  – kann ich die Zuhörer in den Vortrag mit einbinden?
- welche Erwartungen bringen die Zuhörer mit?
  – welche Teilbereiche interessieren besonders? Sollen am Ende konkrete Ergebnisse stehen?

Übung

Füllen Sie vor Ihrem nächsten Referat oder Ihrem nächsten Projekt eine Tabelle nach folgendem Muster aus:

Web

Fragen	Antworten
Was ist das Ziel meines Vortrags?	
Was wissen die Mitschüler?	
Was würde mich interessieren?	
Was könnte mich begeistern?	

Ergänzen Sie die Tabelle mit eigenen Fragen!

2.2 Wo findet meine Präsentation statt?

Zu einer guten Vorbereitung gehört auch, dass Sie sich rechtzeitig um die Auswahl und Ausstattung des Raumes kümmern. Falls Ihnen – was die Regel sein wird – ein Raum vorgegeben wird, sollten Sie dennoch prüfen, ob Sie mit der vorhandenen Ausstattung zufrieden sind oder gegebenenfalls Veränderungen vornehmen möchten.

Ihr Ziel sollte es sein, den Raum so zu gestalten, dass Sie alle vorgesehenen Medien wirkungsvoll bedienen und einsetzen können. Beachten Sie dazu folgende Fragen:

- Wie viele Personen passen in den Raum?
- Wo stehe ich?
- Sind genügend Anschlussmöglichkeiten für elektrische Geräte vorhanden?
- Sind Verlängerungskabel erforderlich?
- Muss der Raum abgedunkelt werden?
- Wie ordne ich die Sitzplätze an?

Mögliche Anordnungen:

Kino

Sitzgruppen mit Tisch

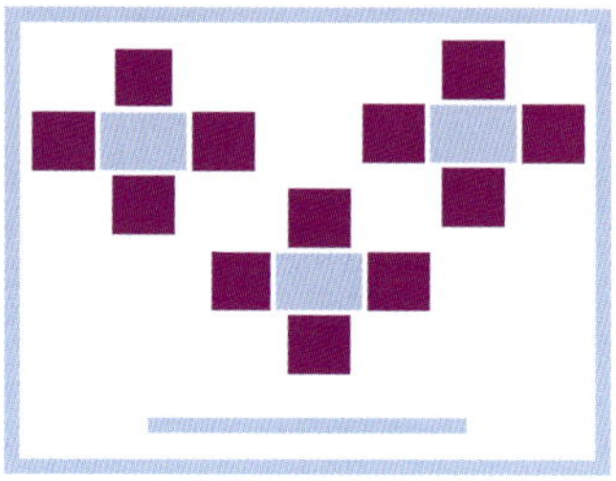

Halbkreis

Tische als Block in der Mitte des Raums

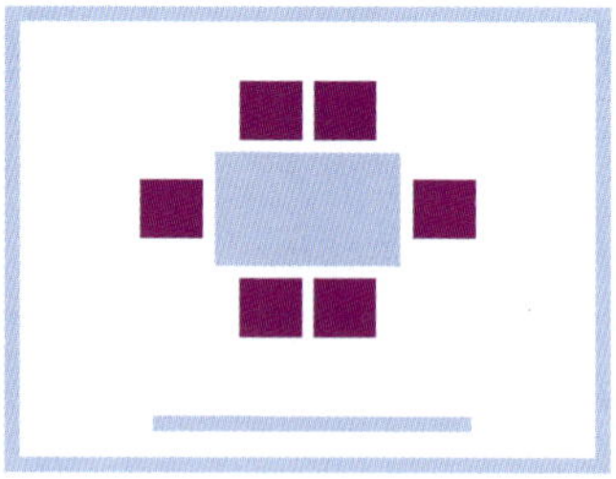

Der Raum, in dem Ihre Präsentation stattfindet, sollte jedoch nicht nur zweckmäßig, sondern auch ansprechend gestaltet sein und so die Ziele Ihrer Präsentation unterstützen. So können Sie beispielsweise den Raum mit Stoffen dekorieren, Plakate aufhängen, Modelle ausstellen und vieles mehr. Ihrer Kreativität sind dabei (fast) keine Grenzen gesetzt.

2.3 Wie baue ich meine Präsentation auf?

„Der erste Eindruck vom Referenten ist am wichtigsten!". Diesen oder ähnliche Sprüche kennen Sie sicher. Er ist natürlich übertrieben, im Kern aber wahr.

Beginnen Sie Ihre Präsentation gut gelaunt und begrüßen Sie Ihre Zuhörer freundlich. Ihr Publikum wird es Ihnen mit einer deutlich größeren Bereitschaft danken, sich mit Ihrem Thema auseinanderzusetzen, als wenn Sie lustlos oder widerwillig starten. Eine positive Atmosphäre zwischen Referent und Publikum trägt sehr viel zu einer gelungenen Präsentation bei.

Deswegen lohnt es sich besonders, die ersten Sekunden Ihres Auftretens intensiv zu üben und bei Ihrer Vorbereitung immer die Sach- und die Beziehungsebene im Blick zu behalten.

Achten Sie einerseits auf die Beziehungsebene – strahlen Sie Freundlichkeit, Sympathie, Herzlichkeit und Vertrauen aus – und vergessen Sie andererseits auch die Sachebene nicht, indem Sie den systematischen Aufbau mit einem immer erkennbaren roten Faden im Blick behalten. So werden Sie Ihre Zuhörer für sich gewinnen und sie werden Ihrer Präsentation gut und gerne folgen können.

Den richtigen Aufbau oder **die** richtige Gliederung für eine Präsentation gibt es natürlich nicht. Sie sollten Ihre Präsentationen je nach Thema, Rahmen, Zielgruppe usw. passend gestalten. Die meisten Präsentationen stützen sich auf ein (fast) immer gleiches Grundgerüst:

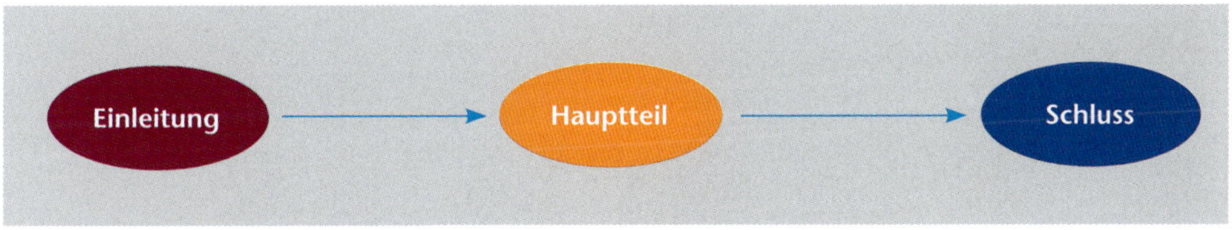

In der **Einleitung** versuchen Sie Ihre Zuhörer für sich und Ihr Thema zu gewinnen:

- Durchatmen, lächeln,
- Sie begrüßen Ihr Publikum,
- stellen sich vor,
- versuchen mit einem anregenden Beispiel, einer Überraschung, einer aktuellen Information o. Ä. einen spannenden Einstieg in Ihr Thema zu finden,
- nennen Ihr Thema, z. B. als Zeitungsschlagzeile oder als zu lösendes Problem,
- stellen möglicherweise den Nutzen für Ihre Zuhörer dar und
- geben kurz den geplanten Verlauf, d. h. die Gliederung Ihrer Präsentation bekannt. Bei längeren Vorträgen empfehlen wir den Verlauf Ihrer Präsentation dauerhaft sichtbar zu lassen (z. B. auf einem Flip-Chart), damit die Zuhörer jederzeit wissen, zu welchem Teil der Präsentation der Referent gerade spricht,
- am Schluss der Einleitung klären Sie, ob Sie auf Fragen der Zuhörer sofort oder am Ende Ihrer Präsentation eingehen werden.

Die Gliederung Ihres **Hauptteils** ist sehr viel offener als die Einleitung und bietet Ihnen sehr große Handlungsfreiheit mit vielen Variationsmöglichkeiten. Wir bieten Ihnen eine mögliche Feingliederung an, die Sie vor allem für problemlösende Fragestellungen benutzen können:

- Sie beschreiben zuerst die Situation, das Problem und die Rahmenbedingungen Ihrer Arbeit, danach
- zeigen Sie Perspektiven und mögliche Wege zur Lösung Ihres Problems auf und schließlich
- stellen Sie die Lösungsmöglichkeiten des Problems dar und erläutern Ihre bevorzugte Problemlösung.

So gliedern Sie Ihren Hauptteil wieder in drei Teile und Ihre Gesamtpräsentation bleibt für die Zuhörer übersichtlich. „Zergliedern" Sie Ihre Präsentation nicht in zu viele Unterpunkte, sonst verliert das Publikum den Überblick und kann – oder will – Ihren Ausführungen nicht mehr folgen.

Vorschlag für den Aufbau einer Präsentation

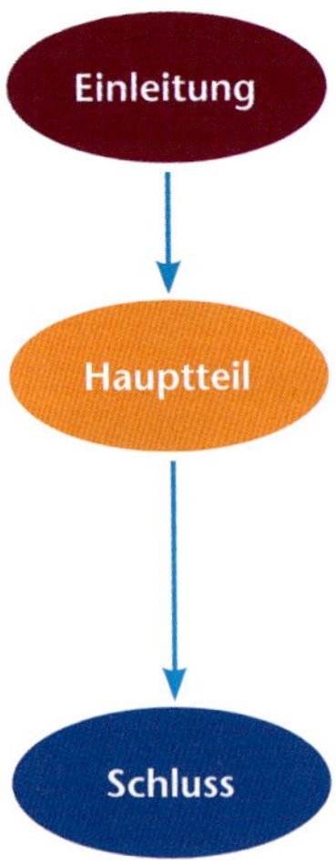

Lächeln, Begrüßung, Vorstellung, „Appetithäppchen", Thema, Nutzen für die Zuhörer, Verlauf, Umgang mit Fragen

Situationsbeschreibung:
Was war, was ist?

Perspektiven:
Wie sollte es sein? Wie ist das zu erreichen?

Lösungsmöglichkeiten und -vorschlag:
Das ist zu tun, das ist mein Vorschlag.

Ankündigung, Kernaussage(n)/Problemlösung, Appell, Ausblick, Abrundung, „Danke"
Überleitung zur Diskussion/Fragerunde

Genauso wie die Einleitung spielt auch der **Schluss** einer Präsentation eine entscheidende Rolle für den Gesamteindruck bei Ihren Zuhörern.

„Äh, das war's dann!" ist kein professioneller Schluss, sondern hinterlässt eher den Eindruck, dass der Vortragende selbst überrascht ist, am Ende angekommen zu sein. Planen Sie deshalb auch Ihren Schluss, denn mit dem letzten Eindruck gehen Ihre Zuhörer nach Hause oder in die Diskussion.

- Kündigen Sie Ihren Schluss kurz vorher an.
- Fassen Sie die Kernaussage(n), Ihre Problemlösung etc. zusammen.
- Richten Sie einen Appell an Ihr Publikum.
- Blicken Sie in die Zukunft und zeigen Entwicklungsperspektiven auf.
- Runden Sie Ihre Präsentation mit einem Rückblick auf Ihre Einleitung ab.
- Schließen Sie Ihre Präsentation z. B. mit einem schlichten „Danke" nach einer kurzen Atempause.
- Leiten Sie danach zur Diskussionsphase oder Fragerunde über.

Sie müssen sich nicht sklavisch an diesen Aufbau einer Präsentation halten. Er soll Ihnen lediglich als Orientierung beim Gliedern Ihrer individuell gestalteten Präsentation dienen.

Tipps!

1. *Mit dem Hauptteil Ihrer Präsentation haben Sie sich sehr ausführlich befasst. Bereiten Sie sich ebenso intensiv auf den Rahmen (= Einleitung und Schluss) vor, üben Sie z. B. zu Hause vor dem Spiegel, denn ein gelungener Rahmen hilft Ihnen, sich während des Vortrags sicherer und wohler zu fühlen und wertet Ihre gesamte Präsentation auf!*

2. *Machen Sie den Aufbau Ihrer Präsentation für Ihr Publikum dauerhaft sichtbar, z. B. auf einem Flip-Chart.*

Präsentations-Manuskript

„Hilfe, ich habe den Faden verloren!" – Wie finde ich wieder in meine Präsentation zurück?

Selbst sehr routinierte und sichere Redner benutzen Manuskripte bzw. Kärtchen und das empfehlen wir auch Ihnen. Vortragende, die nicht wissen wohin mit Ihren Händen, erhalten so eine Fixierung. Da Sie wahrscheinlich noch nicht sehr geübt sind, erhöht ein gutes Manuskript auch zusätzlich Ihre Selbstsicherheit während des Vortrags, wenn Sie beim Verfassen einige Grundregeln beachten:

Manuskript-Grundregeln

1

Schreiben Sie Ihr Manuskript auf A5- oder A6-Karteikarten.

A4-Blätter rascheln in der Hand eines nervösen Redners wie Espenlaub. Kleinere Formate sind für Sie zudem leichter handhabbar (z. B. beim Blättern) und fallen dem Publikum weniger ins Auge.

2

Beschreiben Sie die Karteikarten nur einseitig und nummerieren Sie diese.

So werden Sie trotz Aufregung problemlos die Übersicht in Ihrem Manuskript und Ihrem Vortrag behalten. Die Rückseite Ihrer Manuskriptkarten können Sie mit Ihrem Thema oder Logo beschriften.

3

Notieren Sie auf den Karten nur Stichworte Ihres Vortrags und nicht Ihre ausformulierte Präsentation.

Versuchen Sie ausgehend von den notierten Stichworten während des Vortrags frei zu sprechen! So vermeiden Sie das langweilige Ablesen des Textes, sprechen deutlich langsamer und natürlich betont. Und Sie können Ihr Publikum besser im Blick behalten.

4

Schreiben Sie groß und leserlich.

So können Sie Ihre Stichworte auch noch aus 50 cm Entfernung (Abstand Auge – Karteikarte) gut lesen.

5

Verkleinerte Visualisierungen ergänzen Ihr Manuskript.

Sie vermeiden damit, sich von Ihren Zuhörern abzuwenden, während Sie z. B. eine an die Wand geworfene Abbildung erklären.

6

Benutzen Sie für Ihre Visualisierungen die gleichen Gliederungspunkte wie in Ihrem Manuskript.

Nur so behalten Sie sicher die Übersicht!

7

Verwenden Sie mehrere Farben.

z. B. Blau für Überschriften, Rot für Beispiele, Grün für Visualisierungen

8

Auf der Rückseite der Karte ein Logo oder Thema

wirkt professionell!

Mithilfe dieser Regeln wird Ihr Manuskript eine gedankliche Stütze für Ihre Präsentation und Sie laufen nicht Gefahr, völlig aus dem Konzept zu kommen oder nicht mehr in den Vortrag zurückzufinden. Auch hier ist es natürlich erlaubt und manchmal sogar notwendig gegen die Regeln zu verstoßen: Die ersten beiden Sätze können Sie durchaus ausformuliert in Ihr Manuskript übernehmen, um Ihre anfängliche Nervosität besser in den Griff zu bekommen. Das Gleiche gilt für besonders wichtige Passagen, Hauptthesen, pfiffige Zwischenbemerkungen oder den präzisen Schlusssatz.

Handout

Oft ist es für die Zuhörer hilfreich, zum Vortrag ein inhaltlich begleitendes und ergänzendes Informationspapier auszugeben. Dieses sogenannte Handout fasst alle wesentlichen Aussagen der Präsentation übersichtlich zusammen.

Es enthält alle wesentlichen Definitionen, Abbildungen und Beispiele und bietet dem Zuhörer Orientierung während der Präsentation. Die Gliederung des Handouts entspricht dabei der Gliederung des Vortrags. Verwenden Sie ruhig Stichworte, denn der Umfang eines Handouts sollte eine Seite A4 nicht überschreiten.

Tipp!

Falls Sie Strukturbilder mit einbinden, ist es oft zweckmäßig, das Blatt im Querformat zu benutzen.

Beispiel-Handout

Thema: Staatsverschuldung

<u>Definition:</u>

Die zusammengefassten
Schulden eines Staates.

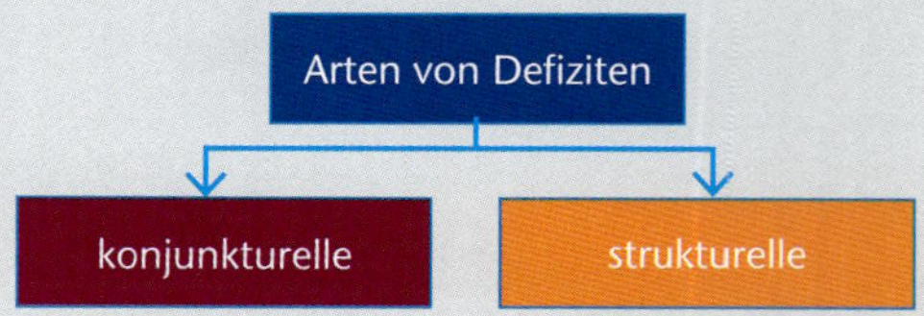

Schuldenuhr / aktueller Stand 05.11.2011

<u>Volkswirtschaftliche Bedeutung:</u>

- je höher die Schulden, desto schwieriger die Emission von Staatsschuldtiteln
- Teufelskreis aus:
- Kreditaufnahme → höhere Verpflichtungen aus Zins und Tilgung → Anstieg der Staatsverschuldung → Kredite verteuern sich am Kapitalmarkt → Ausweitung der Staatsverschuldung
- auf Kosten zukünftiger Generationen (Generationenbilanz)
- Gefahr der Inflation
- temporär zur „Ankurbelung" der Wirtschaft zu rechtfertigen (Rationalitätenfalle)

<u>Staatsverschuldung im internationalen Vergleich</u>

- Zur Vergleichbarkeit
  → Staatsverschuldung in Beziehung zum Bruttoinlandsprodukt (BIP)
- Rating-Agenturen bewerten die Bonität von Volkswirtschaften
- enger Zusammenhang zwischen Staatsverschuldung und Rating

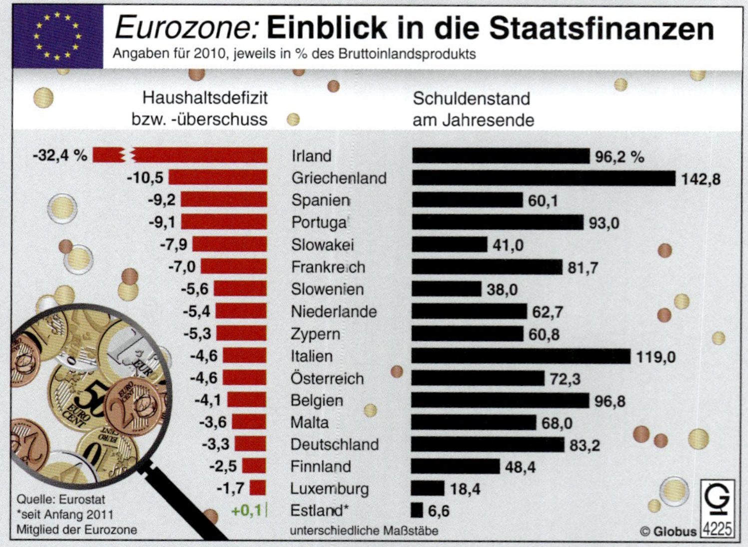

Übungen

1. Verfassen Sie für eine ca. dreiminütige Kurzpräsentation ein Rede-Manuskript über einen aktuellen Zeitungsartikel oder eine Person der Zeitgeschichte!
   Gliedern Sie Ihr Manuskript in Einleitung – Hauptteil – Schluss.
   Beachten Sie dabei die Manuskript-Grundregeln!

2. Tragen Sie Ihre in Aufgabe 1 erarbeitete Rede in ca. drei Minuten frei vor!

3. Tragen Sie mithilfe eines fremden Manuskripts eine Rede zu einem bekannten Thema in ca. drei Minuten frei vor!

4. Erstellen Sie ein Handout zu einem Zeitungsartikel, der Sie interessiert!

2.4 Welche Medien setze ich ein?

Im Mittelpunkt Ihrer Präsentation stehen natürlich Sie. Doch selbst die begabtesten und erfahrensten Redner werden sich bei einer Präsentation nicht nur auf das gesprochene Wort verlassen, sondern versuchen ihre Botschaften zu veranschaulichen und dadurch für den Zuhörer verständlicher zu machen.

Um dieses Ziel zu erreichen, ist der Einsatz von Medien sehr zu empfehlen. Es gibt eine ganze Reihe von Medien, die geeignet sind, Ihre Präsentation zu unterstützen. Hier zunächst eine kurze Übersicht:

- Tafel
- Overhead-Projektor
- interaktives Whiteboard/Smartboard
- Metaplanwand
- PC mit Beamer
- Flip-Chart

Grundsätzliche Aspekte zu den Einsatzmöglichkeiten, Chancen und Risiken der einzelnen Medien:

Setzen Sie Medien nie um ihrer selbst willen ein, sondern nur, wenn dadurch Aussagen anschaulicher oder verständlicher werden.

Oft ist es auch sinnvoll, verschiedene Medien einzusetzen und diese miteinander zu kombinieren. Dieser Medien-Mix macht Ihre Präsentation kurzweilig und abwechslungsreich und erleichtert es dem Publikum, Ihren Ausführungen zu folgen und sie im Gedächtnis zu behalten.

So unterscheidet man zwischen Medien, die dauerhaft während einer Präsentation im Einsatz sind (z. B. Flip-Chart mit der Gliederung des Vortrags) und solchen, die nur kurzfristig zum Einsatz kommen (z. B. eine Folie auf einem Overhead-Projektor mit einem Säulendiagramm, um Zahlen zu veranschaulichen).

Aber Vorsicht! Ihre Präsentation wird nicht zwangsläufig besser, je mehr Medien Sie einsetzen. Machen Sie keine Medienschlacht aus Ihrer Präsentation. Verstecken Sie sich nicht hinter Ihren Medien! Das wichtigste Medium sind und bleiben Sie.

Tipps!

Allgemeine Tipps zum Medieneinsatz:

- kein Einsatz ohne Grund
- nur Medien, die Sie beherrschen
- so einfach wie möglich
- Gefühle ansprechen

Tafel

Die Tafel gilt als das zentrale Medium in der Schule. Neben der klassischen Kreidetafel findet inzwischen auch das Whiteboard zunehmend Verbreitung, das mit speziellen Stiften beschrieben wird. Welche Rolle kann die Tafel (oder das Whiteboard) für Ihre Präsentation im Rahmen des Seminarkurses spielen?

Die Arbeit mit der Tafel erfordert einen langsamen und allmählichen Aufbau der Präsentation.

Aufgrund der Größe bietet eine Tafel die Möglichkeit, ein übersichtliches und systematisches Tafelbild zu entwickeln. Sie können jederzeit auf das bereits Erarbeitete zurückgreifen und Ergänzungen oder Veränderungen vornehmen. Wenn die Oberfläche magnetisch ist, haben Sie die Möglichkeit, zusätzliche Materialien anzuheften. Durch das ständige Arbeiten an der Tafel werden Sie zu einem gemächlichen Sprechtempo gezwungen.

Die Nachteile der Tafel sind offensichtlich. Beim Anschreiben an die Tafel wenden Sie dem Publikum den Rücken zu. Die Gefahr ist dabei sehr groß, dass Sie nicht nur zur Tafel schauen, sondern auch zur Tafel sprechen. Damit verstoßen Sie gegen eine wichtige Grundregel: Der Vortragende sollte sich während der Präsentation immer dem Publikum zuwenden. Diese Gefahr gilt zwar grundsätzlich für alle Medien, ist aber bei der Tafel am größten, da Sie während des

Schreibens nicht reden dürfen (was bei einer Präsentation mitunter recht schwer fallen kann). Trotz vorhandener Hilfsmittel wie Lineal und Zirkel hängt die Deutlichkeit des Tafelanschriebs eindeutig von Ihrer Handschrift ab. Ein gut lesbarer Tafelanschrieb erfordert viel Geschick und Übung. Eine Präsentation mit dem Medium Tafel benötigt viel Vorbereitungszeit.

Trotz allem wirkt ein gekonnter Tafelanschrieb auf die Zuhörer motivierend und erhellend. Bedenken Sie jedoch, dass spätestens nach der Präsentation (vielleicht sogar bereits währenddessen) das Geschriebene verschwindet, wenn die Tafel ausgewischt wird. Ein zusätzliches Hand out für die Zuhörer ist deshalb nötig.

Tipp!

Entwerfen Sie Ihr Tafelbild zunächst auf Papier und testen Sie unbedingt den Tafelanschrieb vor Ort.

Overhead-Projektor

Mit einem Overhead-Projektor (OH-Projektor, deutsch auch Tageslichtprojektor) können Sie Folien an eine weiße Wand projizieren. In der Regel werden die Folien vorher erstellt. Sie können die Folien aber auch während der Präsentation ergänzen oder neu erstellen. Dazu benötigen Sie spezielle Folienstifte. Bei wasserlöslichen Stiften können Sie nachträglich noch leicht Korrekturen vornehmen, müssen aber peinlich genau darauf achten, dass Sie das Geschriebene nicht berühren, bevor es getrocknet ist, da es sonst verwischt. Oft verrät eine zittrige Handschrift auch eine gewisse Nervosität oder Unsicherheit. Vor allem ungeübte Personen sollten deshalb nach Möglichkeit mit bereits zuvor angefertigten Folien arbeiten.

OH-Projektionen eignen sich besonders für Listen, Tabellen, Diagramme und zur Darstellung komplexer Zusammenhänge. Üblicherweise werden die Overheadfolien mit einem Textverarbeitungs- oder Präsentationsprogramm erstellt. Wenn Sie keine Möglichkeit haben, die Dateien direkt auf Folie auszudrucken, können Sie die Papierausdrucke auch auf eine Folie kopieren. Schwarz-weiß-Folien sollten nachträglich mit Farbe bearbeitet werden (z. B. Unterstreichungen, Einrahmungen, Einkreisungen wichtiger Aussagen).

Handgeschriebene Folien sind eher selten, können aber in Ausnahmefällen durchaus Sinn ergeben.

Für die Gestaltung der Folien gelten die Grundregeln, die Sie im folgenden Kapitel 2.5 „Visualisieren – warum und wie?“ finden.

Die Projektion der Folien an die Wand erlaubt Ihnen ständigen Blickkontakt mit dem Publikum. Doch Vorsicht: Es ist verlockend, den Blick an der Projektionswand zu belassen, da dort alle Stichpunkte für den weiteren Vortrag stehen. Sie sollen die Projektion jedoch lediglich als Stichwortgeber für den Fortgang Ihrer Präsentation nutzen und sich dann wieder dem Publikum zuwenden.

Bei der Overlay-Technik legen Sie mehrere aufeinander abgestimmte Folien übereinander. Sie können so den stufenweisen Aufbau eines Sachverhaltes darstellen (kann auch umgekehrt als Wegnahmetechnik verwendet werden, um beispielsweise zu zeigen, wie ein Problem verschwindet). Lassen Sie auf jeden Fall ihren Zuhörern genügend Zeit, um die Folien betrachten zu können. Nichts ist für einen Zuhörer frustrierender, als wenn bereits die nächste Folie aufgelegt wird, bevor er die vorangegangene vollständig erfasst hat.

Unterschätzen Sie nicht die Tücken der Technik. Vor dem Einsatz eines OH-Projektors sollten Sie einige Fragen klären, um während der Präsentation keine bösen Überraschungen zu erleben:

- Kann der Raum abgedunkelt werden?
- Ist der Projektor lichtstark genug?
- Wo sind die elektrischen Anschlüsse?
- Brauche ich ein Verlängerungskabel?
- Wie stelle ich die Schärfe ein?
- Sind die Folien für alle Zuhörer zu sehen?

Tipp!

Machen Sie sich rechtzeitig mit den Gegebenheiten des Raumes und der Technik des Projektors vertraut.

Flip-Chart

Ein Flip-Chart besteht aus einem (ausklappbaren) Gestell, einer Schreibunterlage und einem großen Block (ca. 70 x 100 cm) mit mehreren Blättern. Dieser Block kann mit Filzschreibern unterschiedlicher Stärke und Farbe beschrieben werden.

Flip-Charts sind heute aus Besprechungs- und Vortragsräumen kaum noch wegzudenken. Ihre Vorteile liegen in der einfachen Handhabung und dem geringen technischen Aufwand. Ein Flip-Chart ist leicht zu transportieren und kann praktisch überall aufgestellt werden.

Auch wenn das Flip-Chart häufig als Arbeitsmittel in Kleingruppen eingesetzt wird, hat es seine Bedeutung bei Präsentationen nicht verloren. Der Einsatz eines Flip-Charts eignet sich besonders für die Darstellung von Listen und Charts. Das Flip-Chart ist daher ein ideales Zweitmedium, um beispielsweise das Thema und die Grobgliederung Ihrer Präsentation vorzustellen.

Die einzelnen Blätter werden vorher erstellt und während der Präsentation durch Umblättern aufdeckt. Dabei können Sie von vorne nach hinten oder umgekehrt vorgehen. Wenn die Inhalte der einzelnen Blätter für den Fortgang der Präsentation von Bedeutung sind, können diese auch abgenommen und mit wieder entfernbarem Klebeband an der Wand befestigt werden.

Reden Sie nicht zum Medium, sondern suchen Sie Blickkontakt zum Publikum. Falls Sie das Flip-Chart während der Präsentation beschreiben, sollten Sie den Redefluss unterbrechen und anschließend wieder Blickkontakt herstellen.

Die Arbeit mit dem Flip-Chart ist materialaufwendig und dadurch kostenintensiv (die einzelnen Blätter sind relativ teuer). Klären Sie deshalb im Vorfeld ab, in welchem Umfang Sie das Flip-Chart für die Präsentation einsetzen können.

Das Flip-Chart stellt durch seinen plakativen Charakter eine wirksame Unterstützung des Vortragenden dar. Durch die handschriftliche Erstellung wirkt das Flip-Chart persönlich und aktuell.

Tipps!

Üben Sie vor Ihrer Präsentation das Schreiben mit dicken Filzstiften.

Schreiben Sie fünf, maximal sieben Stichpunkte auf ein Blatt.

Schreiben Sie groß genug.

Verwenden Sie Druckschrift.

Karo-Papier erleichtert das Schreiben.

Metaplanwand

Eine Metaplanwand (Pinnwand) besteht aus einer Weichfaserplatte, auf die mit Stecknadeln Informationsmaterial angeheftet werden kann. Sie ist entweder an der Wand befestigt oder transportabel. In der Regel sind die Wände ca. 125 x 150 cm groß.

Der Einsatz von Metaplanwänden bietet sich für Präsentationen an, in denen Sie ihr Publikum aktiv einbinden wollen. Sie eignet sich zum Sammeln von Informationen und Meinungen, zur Analyse von Sachverhalten und zur Erarbeitung von Problemlösungen.

Am wirkungsvollsten ist der Einsatz in Kombination mit sogenannten Moderationskarten. Moderationskarten gibt es in unterschiedlichen Formen, Farben und Größen:

- oval
- rund
- rechteckig
- Wolken

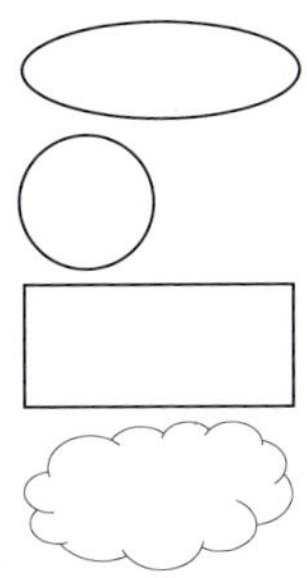

Die Metaplanwand ist ein interaktives Medium, d. h., die Teilnehmer der Präsentation können einen Lösungsprozess miterleben oder sogar mitgestalten. Wenn Sie im Team präsentieren, kann eine Person vortragen, die andere befestigt zur gleichen Zeit die dazugehörigen Karten an der Metaplanwand. Sie können auch Ihre vorbereiteten Karten verdeckt aufhängen und diese nacheinander umdrehen. Natürlich können Sie die Wand auch vollständig vorbereitet in die Präsentation integrieren.

Falls Sie ihr Publikum aktiv einbinden möchten, können Sie Ihre Zuhörer Karten schreiben lassen, die sie anschließend nach Themen gruppiert anheften. Dies erfordert allerdings ein gehöriges Maß an Übung, da Sie im Vorhinein nicht wissen können, was auf den Karten notiert wird. Auf jeden Fall können Sie durch das Anbringen von Klebepunkten einzelne Aussagen gewichten lassen und ein Stimmungsbild Ihrer Zuhörerschaft visualisieren. Die Vorteile dieses Mediums liegen auf der Hand: Die angebrachten Karten und Bildmaterialien sind sehr variabel einsetzbar. Sie können jederzeit umgeordnet, neu strukturiert oder anders zugeordnet werden.

Tipps!

Prüfen Sie rechtzeitig, ob die erforderlichen Materialien vorhanden sind.

Vor der Nutzung die Metaplanwand mit Packpapier bespannen.

Üben Sie das Beschriften der Karten.

Interaktives Whiteboard oder Smartboard

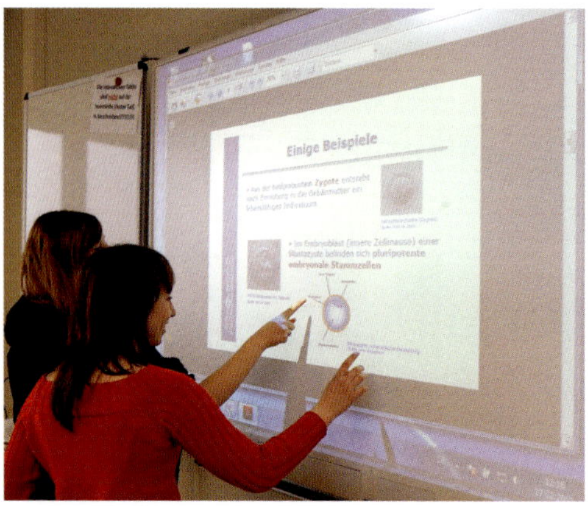

Ein interaktives Whiteboard ist eine „digitale Tafel", eine elektronische Projektionswand bzw. eine Weißwandtafel, die in Verbindung mit einem Computer und einem Beamer funktioniert. Auf der Oberfläche des interaktiven Whiteboards können Sie wie auf einer herkömmlichen Tafel arbeiten, mit dem Unterschied, dass das erstellte Tafelbild digital ist. Es wird über den Beamer auf dem Board eingeblendet und über eine Software gesteuert. Durch den Computer werden die an der Boardoberfläche mit einem speziellen kabellosen Stift oder mit dem Finger eingegebenen Daten transformiert und das errechnete Bild unmittelbar über den Beamer auf die Boardoberfläche projiziert.

Dieser berührungsempfindliche Bildschirm erlaubt es, Informationen auf einem Computer-Bildschirm den Zuschauern nicht nur zu präsentieren, sondern auch interaktiv verfügbar zu machen. Das interaktive Whiteboard ist somit sehr vielfältig einsetzbar. Sie können damit Texte, Grafiken, Bilder, Animationen, Töne und Filme multimedial präsentieren.

Die digitalen Tafelbilder können im Gegensatz zu einem normalen Whiteboard bei Bedarf abgespeichert werden, wodurch die Informationen jederzeit wieder aufrufbar und weiter bearbeitbar sind. Eine gut vorbereitete Präsentation kann somit trotzdem offen bleiben für spontane Änderungen. Die Beiträge und Einfälle von Zuschauern können jederzeit durch handschriftliche Bemerkungen ergänzt und angepasst werden. Sie können also während ihrer Präsentation interagieren und improvisieren.

Tipps!

Benutzen Sie das interaktive Whiteboard nur, wenn Sie das Handling sicher beherrschen.

Setzen Sie das interaktive Whiteboard ein, wenn Sie mit den Zuschauern interagieren wollen.

Achten Sie beim Einsatz einer Schreibsoftware auf eine ordentliche Schrift.

PC und Beamer

Großer Beliebtheit erfreut sich bei den Schülern der Einsatz eines Präsentationsprogramms in Kombination mit PC und Beamer. Dabei erstellen Sie Ihre Präsentation mithilfe einer Software am Computer und projizieren Ihr Ergebnis per Mausklick über einen Beamer auf eine Leinwand.

Durch die multimedialen Möglichkeiten moderner Präsentationsprogramme lassen sich interessante und überraschende Effekte erzielen, die Ihren Vortrag wirkungsvoll unterstützen können. Doch bei keinem Medium ist die Gefahr so groß, dass Sie eine Multimedia-Show zum Selbstzweck veranstalten und Sie als Vortragender von Ihrem Publikum kaum noch wahrgenommen werden. Entscheidend bleibt auch bei diesem Medium die Frage: Welchen Zweck verfolge ich mit dem Einsatz?

Um eine multimediale Präsentation zu realisieren, benötigen Sie eine gewisse Grundausstattung an technischen Geräten:

- PC/Notebook
- leistungsstarker Beamer
- Kabelverbindung von PC (Notebook) zu Beamer
- ausreichend große Projektionswand
- Lautsprecher (falls Sie Ton einsetzen)
- Internetanschluss (falls Sie Webseiten aufrufen wollen)
- Präsenter mit Pointer

Je mehr Technik im Spiel ist, desto sorgfältiger sollten die Vorbereitungen der Präsentation sein.

Tipps!

Klären Sie (rechtzeitig!), ob die benötigten Geräte vorhanden sind und Ihnen am Tag Ihrer Präsentation zur Verfügung stehen.

Testen Sie alle (!) Geräte auf Funktionstüchtigkeit.

Führen Sie für Ihre Präsentation eine Generalprobe an Ort und Stelle durch.

Üben Sie den Umgang mit einem Präsenter.

Üben Sie den Ablauf der Präsentation gründlich ein.

Warum stehen PC-unterstützte Präsentationen bei den Schülern so hoch im Kurs?
Die Vorteile dieses Mediums liegen auf der Hand:

- Sie können die vollständige Präsentation vorher fertigstellen und als Datei abspeichern.
- Sie können den Ablauf der Präsentation per Mausklick steuern: Die Abfolge der einzelnen Seiten (Folien) ergibt zwangsläufig Ihren roten Faden.
- Sie können das Layout mithilfe moderner Programme professionell und ansprechend gestalten.
- Sie können die Präsentation durch den Einsatz von Animationen, Farben, Tönen und Videos abwechslungsreich und lebendig gestalten.

Nachfolgend erhalten Sie Anregungen und Hinweise zum Erstellen einer Präsentation mit einem Präsentationsprogramm zum Einsatz am PC und Beamer.

Die Präsentation wurde mit dem Programm PowerPoint von Microsoft erstellt. Falls Sie PowerPoint-Anfänger sind, empfehlen wir Ihnen ein Einsteigerbuch. PowerPoint ist ein intuitiv zu erlernendes Programm, mit dem man bereits nach kürzester Zeit arbeiten und beachtliche Ergebnisse erzielen kann.

Eine PowerPoint-Präsentation besteht in der Regel aus mehreren Seiten. Eine Seite wird in PowerPoint als Folie bezeichnet. Bevor Sie mit der Bearbeitung der einzelnen Folien beginnen, sollten Sie eine sogenannte Masterfolie erstellen. Mit der Masterfolie legen Sie das einheitliche Aussehen Ihrer Einzelfolien fest. In unserem Beispiel werden die Formatierung des Titelbereichs und der einzelnen Textebenen (z. B. durch Wahl der Schriftart, der Schriftgröße, der Farbe und des Aufzählungszeichens) festgelegt. Außerdem haben Sie die Möglichkeit, eine Kopf- und Fußzeile einzufügen.

Hier wurde rechts oben ein Logo mit weiteren Angaben eingezogen; unten in der Fußzeile die Angabe des Themas und Seitenzahl. Ebenso legen Sie hier den Hintergrund für Ihre Folien fest.

Beispiel Masterfolie:

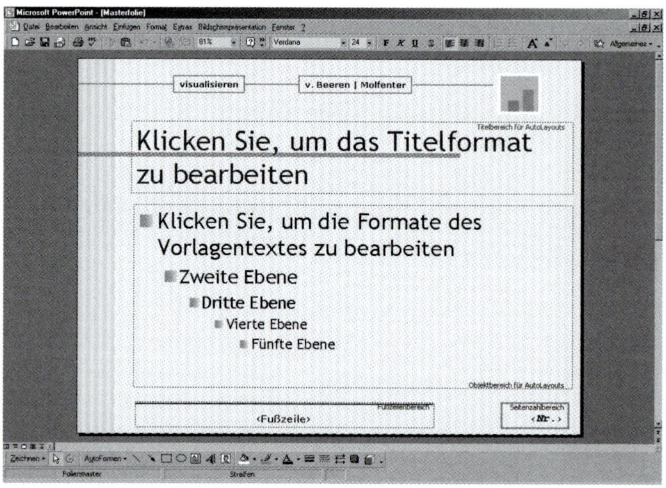

Beispiel Einzelfolien:

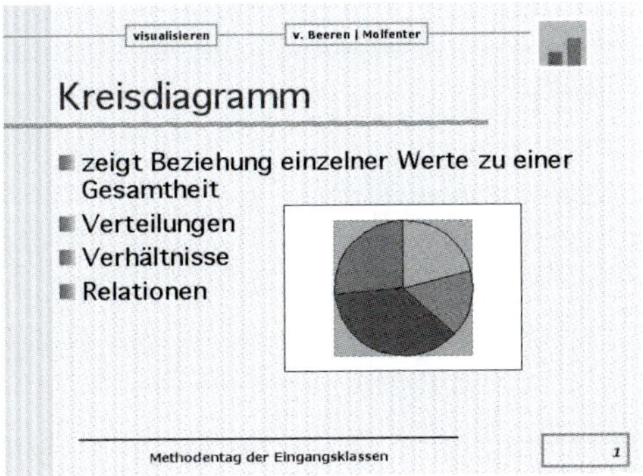

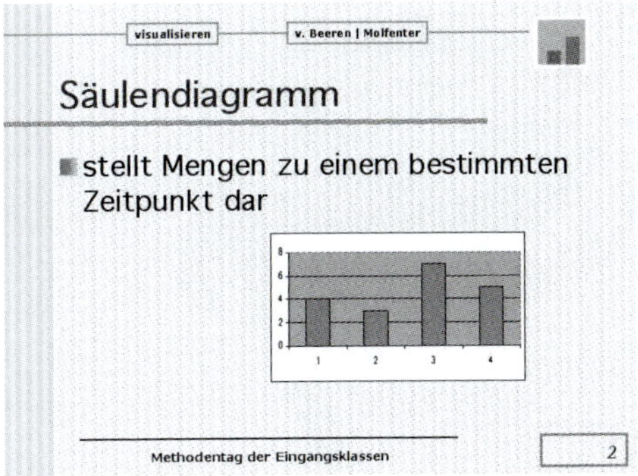

Die Erstellung der Einzelfolien lässt eine völlig freie Anordnung der Elemente zu.

Nachfolgend erhalten Sie eine Übersicht über die wichtigsten Elemente zur Gestaltung Ihrer individuellen Präsentation:

- Textfelder
- Symbole
- ClipArts
- Digitale Bilder
- Grafiken
- Sounds
- Filmsequenzen
- Tabellen
- Diagramme
- Organigramme

Für die Gestaltung der Folien gelten die Grundregeln, die Sie im folgenden Kapitel finden.

Tipps!

Sie müssen den Ablauf der Präsentation in- und auswendig kennen. Gesprochenes Wort und gezeigte Folien müssen unbedingt synchron sein.

Drucken Sie für sich die gesamte Präsentation aus, so verlieren Sie nie den Überblick. Versehen Sie Ihren Ausdruck mit persönlichen Regieanweisungen (z. B. Pause einlegen, zur Projektionswand gehen, ...).

Verwenden Sie eine schnurlose Maus oder einen Präsenter, das macht Sie flexibler.

Nutzen Sie nach Möglichkeit den Bildschirm des PCs oder Notebooks als Stichwortgeber, Sie können so besser Blickkontakt zum Publikum halten.

Überfordern Sie Ihre Zuhörer nicht mit einer zu schnellen Abfolge der Folien: Lassen Sie Ihre Folien auf die Zuhörer wirken.

Arbeiten Sie mit Links: Sie können so den linearen Ablauf der Präsentation unterbrechen.

Computerunterstützte Präsentationen bieten eine Fülle von Möglichkeiten zur interessanten Informationsvermittlung. Nutzen Sie diese Möglichkeiten, um einen kreativen und abwechslungsreichen Vortrag zu erstellen. Hüten Sie sich jedoch davor, eine reine Multimedia-Show zu veranstalten. Denn trotz all dieser Möglichkeiten sollten Sie nie vergessen: Sie präsentieren, nicht der Computer!

Filme

Vor allem der Einsatz von Filmsequenzen kann eine Bereicherung einer Präsentation darstellen.

Filme und Videos geben die Realität am Besten wieder. Deshalb sollte man, wenn es die Möglichkeit gibt, auf einen Einsatz bei einer Präsentation nicht verzichten.

Mit einem Film lässt sich die Glaubwürdigkeit von Aussagen untermauern.

Filme können Informationen vermitteln oder beeindrucken, wenn sie als **„Reißer"** eingesetzt werden.

- Zeigen Sie den Informationsfilm möglichst in Sequenzen, um die entsprechenden Sachverhalte deutlich zu machen. Sie können Standbilder einsetzen oder ihn in Zeitlupe ablaufen lassen, um seine Aussagekraft zu verstärken. Beispiele: Interviews, Sachfilme, Beschreibungen, Anleitungen usw.
  Kündigen Sie die Unterbrechungen an.

- Bei einem „Reißer-Film", oft auch Image-Film genannt, sollten Sie den ganzen Film am Anfang oder am Ende der Präsentation laufen lassen. Bereiten Sie eine Überleitung zum weiteren Verlauf der Präsentation vor oder überlegen Sie sich einen Nachspann.

  Lassen Sie den Film wirken, indem Sie eine kurze Pause zum Verarbeiten lassen.

Web

Einen Hinweis, an welcher Stelle in einer Präsentation sich ein kurzer Film besonders gut einfügen ließe, finden Sie in der Beispielpräsentation im BuchPlusWeb-Material.

Tipps!

Filmeinsatz so kurz wie möglich

Einsatz als Einstieg oder Schluss

Informationsfilme in Sequenzen

Kritisch überprüfen: passt der Film?

Überprüfen Sie gewissenhaft die Technik!

2.5 Visualisieren – warum und wie?

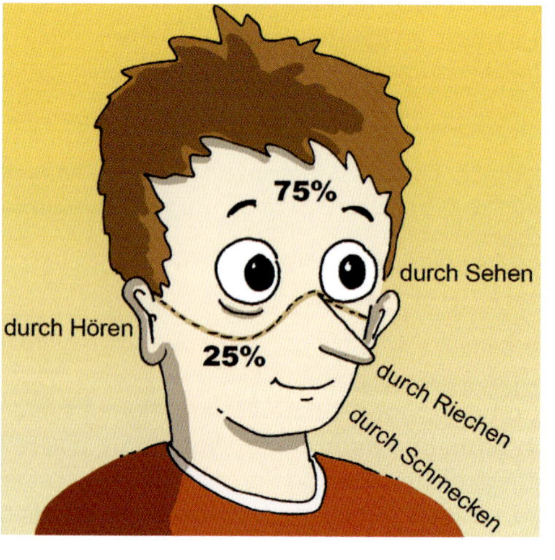

Unter Visualisieren versteht man die bildhafte Darstellung von Inhalten.

Informationsverarbeitung kann auf unterschiedlichste Art und Weise erfolgen. Die meisten Menschen verarbeiten und behalten Inhalte überwiegend in Form von Bildern. Sie sind sogenannte visuelle Typen. Auf diese Erkenntnis bezieht sich auch der für Präsentationen häufig benutzte Spruch „Ein Bild sagt mehr als tausend Worte!"

Eine gute Visualisierung ist von entscheidender Bedeutung für eine gelungene Dokumentation und eine erfolgreiche Präsentation.

Durch Visualisieren können Sie sich auf das Wesentliche beschränken.

Wie komme ich von der Information zum Bild?

Dabei helfen Ihnen vier einfache Schritte:

1. Bringen Sie Ihre Informationen in eine Struktur oder erstellen Sie eine Gliederung.
2. Bilden Sie aus dieser Struktur größere Informationsblöcke, denen Sie Schlagworte (Überschriften) zuordnen.
3. Filtern Sie aus diesen Blöcken die Kernaussage heraus.
4. Versuchen Sie diese Kernaussage durch ein Bild, eine Grafik oder ein Diagramm zu verstärken.

Beispiel

Thema: Rauchen verursacht Lungenkrebs

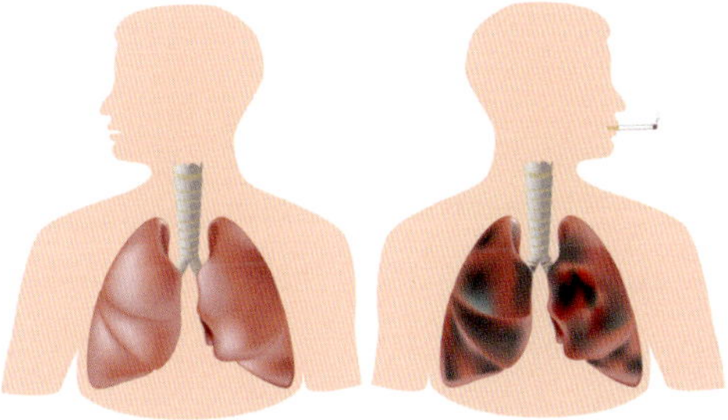

1. → Gesundheitsrisiken durch Rauchen
   → Inhaltsstoffe einer Zigarette
   → Teer
   → Raucherlunge
2. Teer:
   - zähflüssige Masse
   - Nutzung im Straßenbau/in Farbstoffen/in Lacken
   - verklebt Flimmerhärchen der Atemwege
   - zu 95 % der auslösende Faktor für Lungenkrebs
3. Teerablagerungen führen zu Lungenkrebs
4. Abbildung einer Raucher- und einer Nichtraucherlunge

Welche Visualisierungsmöglichkeiten habe ich?

1. Listen und Texte
2. Strukturbilder und Bilder
3. Symbole und Cartoons
4. Filme
5. Tabellen
6. Diagramme

Welche Anwendungsregeln muss ich bei den einzelnen Visualisierungsmöglichkeiten beachten?

Listen und Texte
Wenn Sie in Ihrer Präsentation Folien für den Overhead-Projektor oder aus PowerPoint benutzen, sollten Sie Wert darauf legen, lange Texte auf Ihren Folien zu vermeiden: Die Übersichtlichkeit und die Aufmerksamkeit Ihrer Zuschauer geht sonst verloren.

Beispiel

Rechte des Azubi

- Vergütung
- Freistellung Berufsschule
- Ausbildung gemäß Ausbildungsziel
- Bereitstellung Ausbildungs- und Prüfungsmittel
- Urlaub
- Zeugnis
- Fürsorge

Tipps!

Holen Sie die Kernaussagen aus dem zu vermittelnden Text heraus (z. B. mit Textmarker unterstreichen) und formulieren Sie diese möglichst einfach.

Benutzen Sie Stichworte.

Beachten Sie unbedingt die Schriftgröße (ein Richtwert von mindestens Schriftgrad 24 sollte eingehalten werden).

Denken Sie an die Leinwand-/Raumgröße und den Abstand zu den Zuhörern.

Benutzen Sie nicht mehr als zwei Schriftarten und maximal drei Farben.

Der Zuschauer behält die Übersicht, wenn Sie maximal sieben Gliederungspunkte aufnehmen.

Vergessen Sie nicht die Überschrift und überlegen Sie sich eine sinnvolle Reihenfolge Ihrer Inhaltspunkte.

Eine aus diesem Text erstellte Folie könnte folgendes Aussehen haben:

7 Gebote für Text-Visualisierungen

- Kernaussagen
- einfache Formulierung
- Stichwörter
- Schriftgröße
- maximal 2 Schriftarten
- maximal 3 Farben
- maximal 7 Inhaltspunkte

Übung

Erstellen Sie aus nachfolgendem Text eine Folie gemäß den angegebenen Tipps.

Thema: Wirkungen der Musik

„Der Musik werden die unterschiedlichsten Wirkungen zugeschrieben; das Spektrum reicht von der Erfahrung einer heilenden Wirkung (z. B. Musik von Bach und Mozart, New-Age-Musik) bis hin zu destruktiverer Musik (z. B. Death Metal, Gothic, Musik von Schönberg). In der frühen Kirchenmusik waren beispielsweise nur menschliche Stimmen (z. B. Gregorianischer Choral) zulässig, erst später durften Instrumente genutzt werden.

Bis heute konnten die Musikwissenschaft und ihre Hilfsdisziplinen nicht abschließend klären, in welchem Grad diese Wirkungen mit den kulturellen Rahmenbedingungen zusammenhängen. So wurde durch die Verbreitung der Rockmusik noch vor wenigen Jahrzehnten der Untergang des Abendlandes befürchtet. Andererseits weist die Medienwirkungsforschung zumindest in speziell dispositionierten Fällen Wirkungen wie Selbsttötungen nach. Allerdings sind auch diese Forschungsergebnisse umstritten.

Auch Pflanzen und Tiere sollen auf Musik reagieren. Nicht nur Esoteriker behaupten, bestimmte Musik habe positive Auswirkungen auf das Wachstum von Zimmerpflanzen, selbst in der Tierhaltung wird Musik gelegentlich eingesetzt.

Vollkommen im Bereich der Spekulation liegt die Unterstellung der universellen Verständlichkeit von Musik. So kommunizieren Erdenbewohner in Steven Spielbergs Spielfilm ‚Unheimliche Begegnung der dritten Art' mit außerirdischen Besuchern über Tonfolgen und Klänge. Selbst die heutigen Raumsonden der NASA und ESA enthalten Aufzeichnungen von Musik, die der Verständigung mit außerirdischen Lebensformen behilflich sein sollen."

Quelle: http://de.wikipedia.org/wiki/Musik#Wirkungen

Bilder und Strukturbilder

Texte und Informationen können Sie als Vortragender auch mithilfe von Bildern oder Strukturbildern verdeutlichen und sich selbst verbal zurückhalten.

Vom Wort zum Bild:

Überprüfen Sie Ihre Informationen, ob Sie diese durch Strukturbilder visualisieren können.

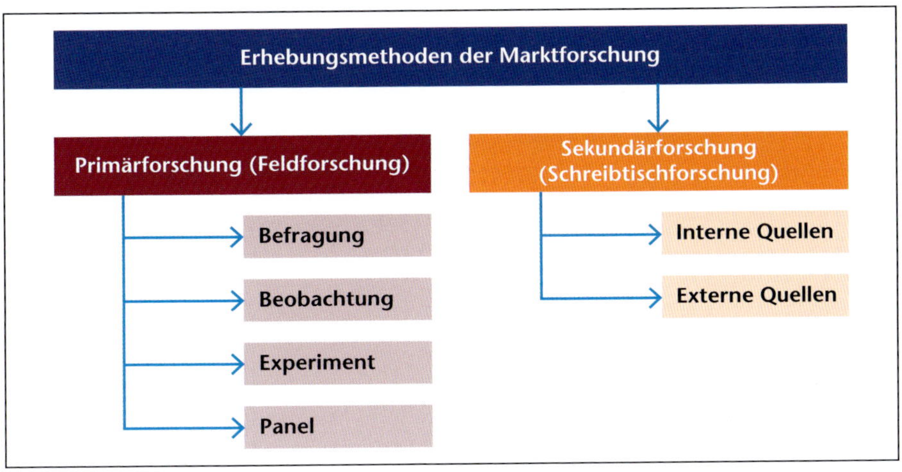

Sie haben die Möglichkeit räumliche, zeitliche und kausale Zusammenhänge mit Bildern zu erläutern und zu verdeutlichen, und so Verständnis auf einen Blick zu schaffen.

Einige Beispiele für Strukturbilder und ihre Zusammenhänge:

- Lage in einem Gefüge

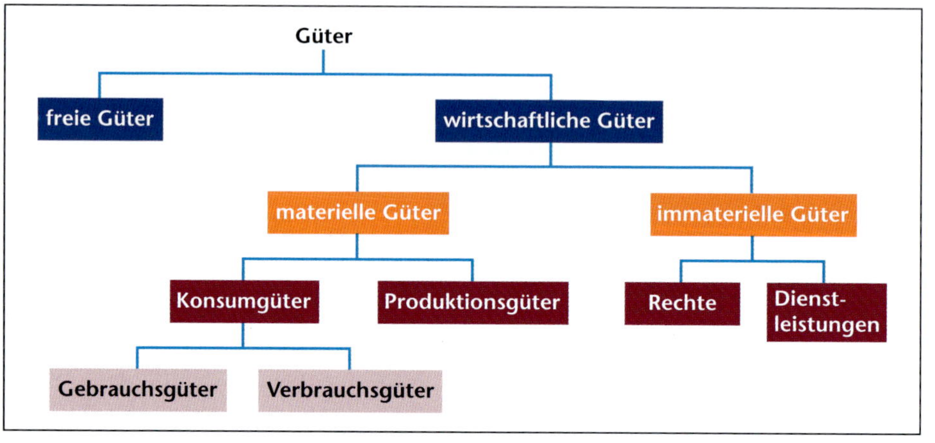

Güterarten

Quelle: Deuschle u. a.: Betrifft Wirtschaft, 2006, S. 30

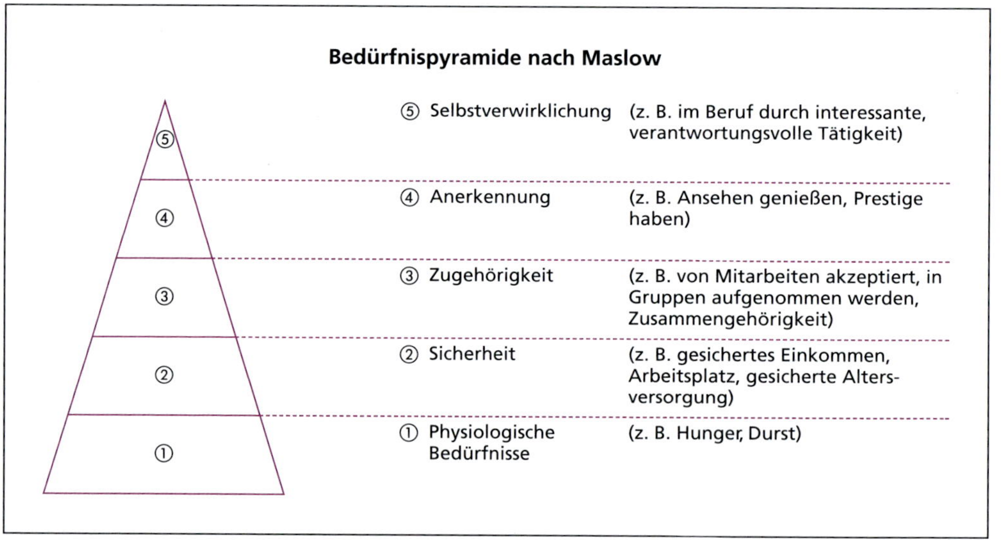

Pyramide

Quelle: Eberhardt u. a.: BWL mit Rechnungswesen, 2004, S. 17

- Vorgänge (Prozesse)

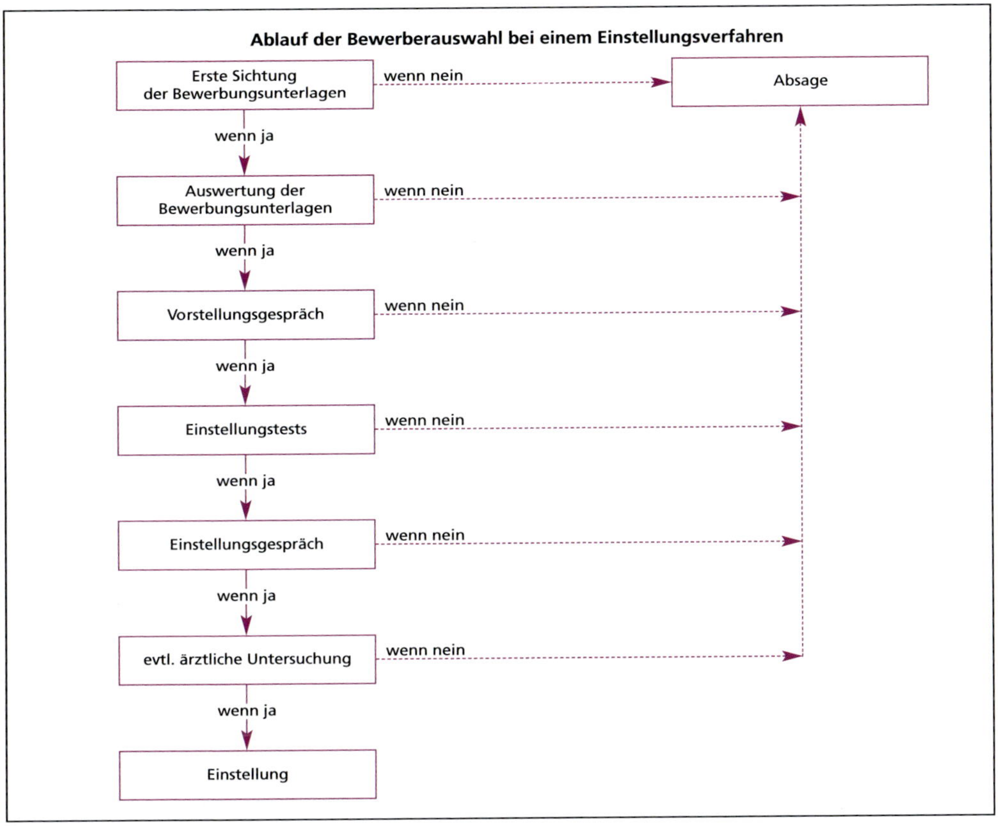

Ablauf
Quelle: Eberhardt u. a.: BWL mit Rechnungswesen, 2004, S. 199.

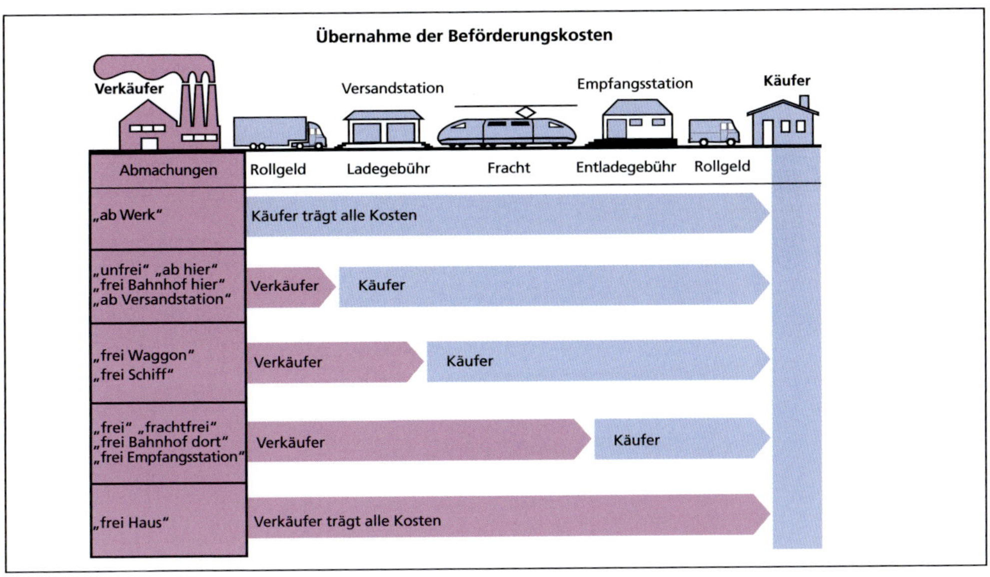

Stufenplan
Quelle: Eberhardt u. a.: BWL mit Rechnungswesen, 2004, S. 139.

- Zusammenhänge

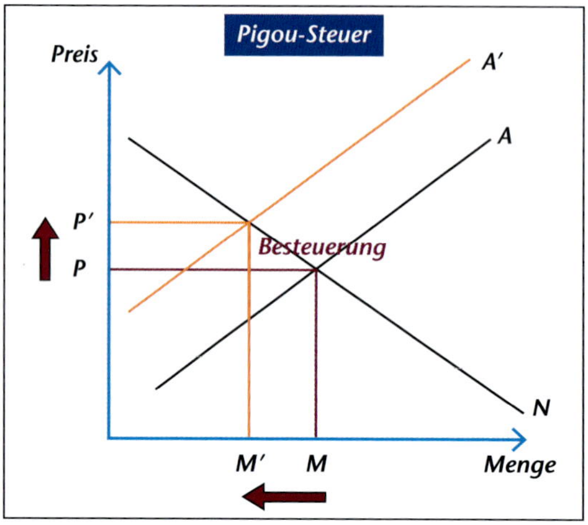

Wirkungsweise der Pigou-Steuer
Quelle: Deuschle u. a., Betrifft Wirtschaft, 2006, S. 42

- Mindmap (siehe Kap. 2.1)

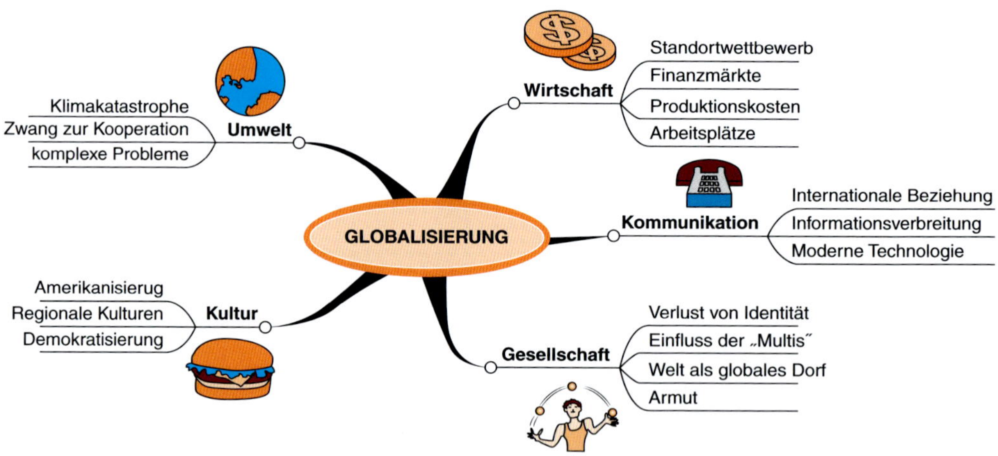

Bei der Gestaltung von Strukturbildern, Bildern oder Bildreihen sollten Sie folgende Punkte beachten:

Tipps!

Erstellung und Verlauf von links nach rechts und von oben nach unten.

Packen Sie nicht zu viele Informationen hinein.

Bauen Sie Zusammenhänge schrittweise auf.

Benutzen Sie keine unnötigen Symbole.

Farb- und Linienwahl sinnvoll variieren.

Beispiele

Vom Text zum Strukturbild

PowerPoint bietet zahlreiche Möglichkeiten der optischen Gestaltung.

Schatten, Fülleffekte, Strukturen und 3D-Effekte verleihen den vorgestellten Objekten mehr Lebendigkeit. Animationen können noch mehr Dynamik in eine Präsentation bringen.

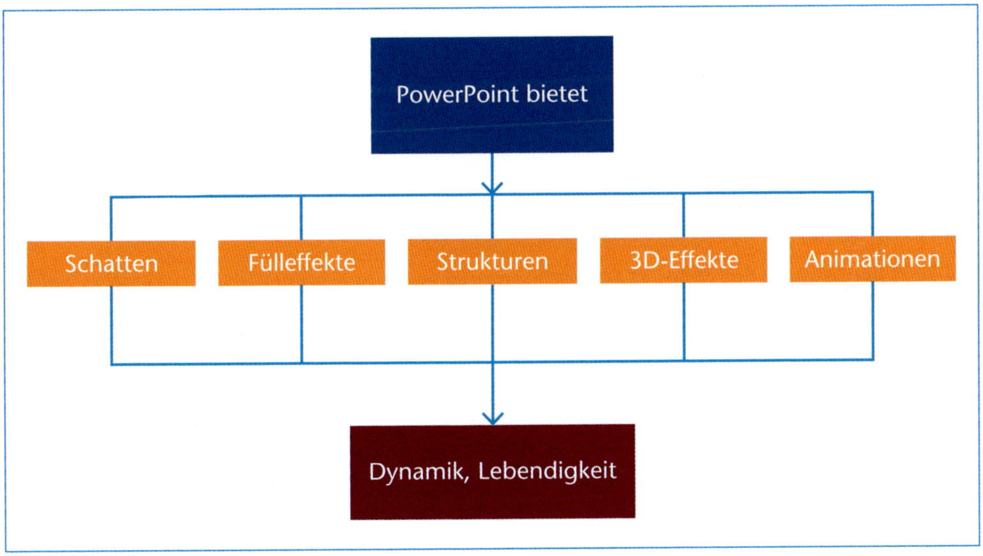

Vom Text zur Bildreihe

Alle Menschen und andere Lebewesen bestehen aus einer Vielzahl von Zellen. Diese enthalten jeweils in Ihrem Zellkern die gesamte genetische Erbinformation, welche die Eigenschaften der Lebewesen bestimmen. Die Sprache dazu ist in den Chromosomen als DNA gespeichert. DNA ist eine chemische Substanz, die aus zwei schraubig miteinander verbundenen Molekülketten (Doppelhelix) aufgebaut ist.

Von der Gesamtheit zum Einzelnen → Vom Großen zum Kleinen

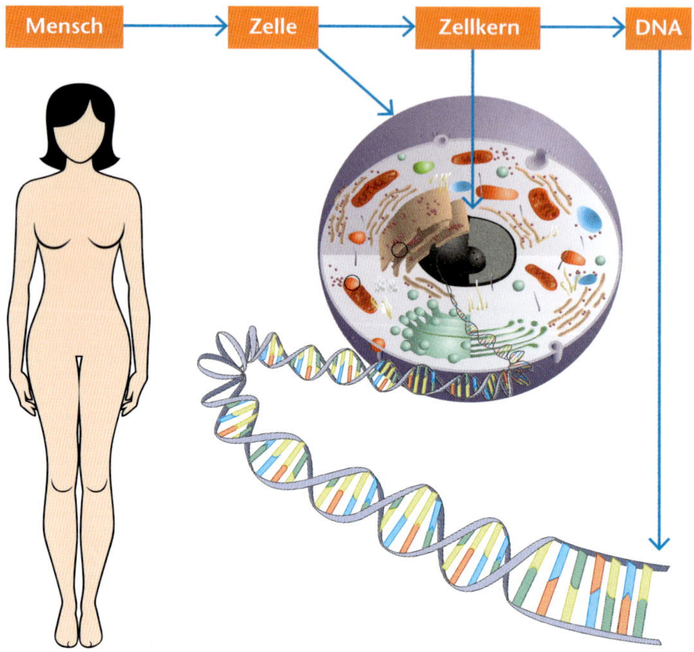

Symbole und Cartoons

Mithilfe von **Symbolen** können Sie Begriffe und Aussagen abstrakt und bildhaft darstellen. Symbole sollten Zeichen sein, aus denen man etwas schließen oder erkennen kann (z. B. Kennzeichen, Wahrzeichen, Abzeichen oder Sinnbilder).

Mit Symbolen können Sie Themen ankündigen oder Aussagen unterstützen und interessanter machen.

Hier eine kleine Auswahl von Symbolen und ihren Aussagemöglichkeiten

Ring

➔ Freundschaft

Herz

➔ Liebe

Waage  → Justiz

Cartoons sind Zeichnungen oder Karikaturen, die ein Wort oder Geschichten in einem oder wenigen Bildern, ohne beschreibenden Text humoristisch darstellen.

Nebenstehendes Cartoon könnten Sie zum Thema Visualisierung durch Statistiken und Grafiken bei einer Präsentation einsetzen.

Tipps!

Vermeiden Sie sinnlose Symbole, wenn Sie eindeutige Begriffe erklären wollen.

Vorsicht mit Symbolen aus der PC-Bibliothek (ClipArts), die jeder kennt und die jeden langweilen.

Wechseln Sie nicht Ihren Symbolstil innerhalb einer Präsentation.

Überlegen Sie erst Ihre Aussage und suchen Sie danach das Symbol.

Tabellen

Web

Stellen Sie sich eine Präsentation mit folgendem Wortlaut vor:

„Die Auto AG steigerte im Geschäftsjahr 2 ihre Umsatzerlöse gegenüber dem Vorjahr um 5,4 % auf 45,4 Mrd. Euro. Der Auslandsanteil der Umsatzerlöse ging von 66,7 % auf 61,9 % zurück. Die Herstellungskosten erhöhten sich vor allem aufgrund der Belastungen für Neuanläufe um 10,9 %. Infolgedessen verminderte sich das Bruttoergebnis vom Umsatz gegenüber dem Vorjahreswert um 76,5 % auf 628 Mio. Euro. Das Finanzergebnis stieg um 63,6 % auf 2,5 Mrd. Euro, was insbesondere aus höheren Beteiligungserträgen resultierte. Das Ergebnis der gewöhnlichen Geschäftstätigkeit der Auto AG betrug am Ende des Jahres 976 Mio. Euro und lag damit um 46,6 % unter dem Vorjahreswert."

Ohne den Einsatz geeigneter Visualisierungsmittel wird der Vortragende keine Chance haben, dem Publikum seine Inhalte zu vermitteln. Die Zuhörer werden nach kürzester Zeit überfordert sein. Dennoch kann der Referent natürlich nicht auf die Zahlen verzichten, da sie elementar für seinen Vortrag sind.

Vermutlich wird auch Ihre Präsentation in irgendeiner Form Zahlen beinhalten.

Die Frage lautet also: Wie kann ich meine Zuhörer mit Zahlen konfrontieren, ohne sie zu überfordern?

Wie kann ich diese Zahlen kompakt, systematisch und übersichtlich darstellen?

Mithilfe von Tabellen bringen Sie Ordnung in unübersichtliche Zahlenwerke. Tabellen wirken systematisch und strukturiert und können äußerst wirkungsvoll in eine Präsentation eingebunden werden.

Doch auch hier ist Vorsicht geboten. Überfrachten Sie Ihre Präsentation nicht mit Tabellen. In dem Bemühen möglichst vollständig und exakt zu sein, können Sie ihre Zuhörer leicht überfordern und dadurch eher verwirren als informieren.

Anhand des Beispiels wird gezeigt, wie Sie Tabellen sinnvoll und gewinnbringend einsetzen können.

Beispiel

Hier werden unterschiedliche Zahlen mit ihren Vorjahreswerten verglichen. Dabei wird mit absoluten Zahlen (Umsatzerlöse 45,4 Mrd.) und auch mit Prozentangaben (Umsatzerlöse + 5,4 % gegenüber Vorjahr) gearbeitet.

Entscheidend sind folgende Aussagen:

- Umsatzerlöse sind leicht gestiegen
- Gewinn ist stark gesunken

Diese Informationen sollen nun anhand einer Tabelle dargestellt werden.

Alle anderen Angaben wie Auslandsanteil am Umsatz, Herstellungskosten und Finanzergebnis entfallen zugunsten der Übersichtlichkeit. Sollten diese Zahlen später von Interesse sein, lassen sie sich noch leicht in die Tabelle einbauen. Letztlich müssen Sie entscheiden, was für Ihre Zuhörer von Bedeutung und Interesse ist.

Entwicklung von Umsatz und Gewinn

	Umsatzerlöse in Mrd. Euro	Gewinn in Mrd. Euro
Jahr 1	43,09	1,83
Jahr 2	45,40	0,63
Veränderung in %	5,4	– 46,6

Tipps!

Überschrift oder Bezeichnung der Tabelle nicht vergessen.

Große Zahlen zu Tausendern oder wie hier zu Millionen zusammenfassen (43,09 Mrd. anstatt 43.087.000.000).

Einheiten gehören in die Spaltenüberschrift (und nicht in jede einzelne Zelle).

Zahlen spaltenweise anordnen, das erleichtert die Vergleichbarkeit.

Entscheidende Aussagen farblich kennzeichnen.

Die Tabelle ist ein wichtiges Element zur Strukturierung der Präsentation. Eine Tabelle hat die Aufgabe, die Zahlen so anzuordnen, dass ein Betrachter ohne Nachfrage schnell die relevanten Informationen ablesen kann.

Diagramme

Bei Diagrammen werden Zahlen in Form von Schaubildern dargestellt. Ein gutes Diagramm sollte ohne zusätzliche Erklärungen auskommen können.

Ziel eines Diagramms ist es, die vorhandenen Daten (und die damit verbundene Aussage) auf einen Blick zu veranschaulichen. Die Kernaussage sollte sich einem Betrachter ohne Mühe erschließen.

Überlegen Sie zunächst, wie Sie diese Forderungen am Beispiel der Tabelle aus dem vorherigen Kapitel erfüllen können.

Es liegen Vergleichswerte (Umsatz, Gewinn) aus zwei Geschäftsjahren (Jahr 1, Jahr 2) vor, die sich unterschiedlich entwickelt haben.

Kernaussage: Umsatz leicht gestiegen, Gewinn stark gesunken.

Diese Botschaft soll schnell und eindeutig vermittelt werden.

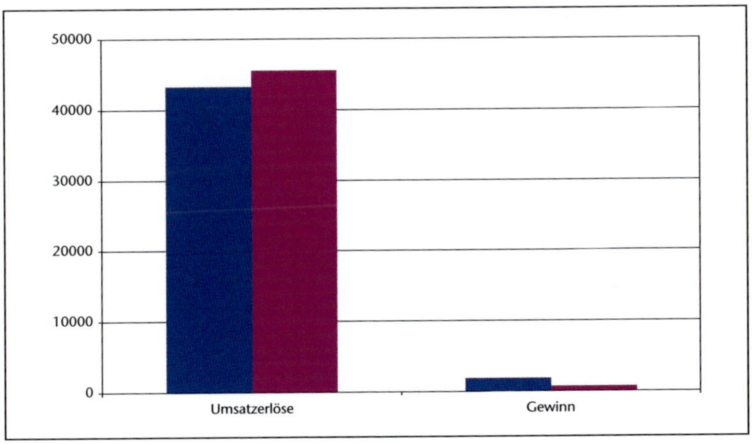

Zweifelsfrei sind in diesem Diagramm alle vorhandenen Zahlen korrekt verarbeitet und grafisch dargestellt. Aber erfüllt dieses Diagramm die Anforderungen an ein gelungenes Diagramm? Wird die Kernbotschaft unmissverständlich und unverzüglich klar? Nein!

Woran liegt das?

Bei der Betrachtung des Diagramms können folgende Kritikpunkte festgehalten werden:

- Die absoluten Unterschiede zwischen den Säulen sind kaum zu erkennen.
- Die relativen Unterschiede zwischen den Säulen werden nicht deutlich.
- Die Gewinnsäulen verblassen gegenüber den Umsatzsäulen.
- Es fehlt eine aussagekräftige Überschrift.
- Es fehlt eine Legende für die Bedeutung der Farben.
- Es fehlen die Einheiten an der y-Achse.

- Die Zahlen auf der y-Achse können noch weiter zusammengefasst werden.
- Die Farbe der linken Säulen hebt sich nicht vom Hintergrund ab.

Um diese Mängel zu beseitigen, gibt es verschiedene Möglichkeiten:

Oft ist es sinnvoll, mehrere Diagramme zu erstellen. Beispielsweise können Sie die absoluten Zahlen von Umsatz und Gewinn in zwei verschiedenen Diagrammen darstellen. Die prozentuale Entwicklung von beiden Größen kann dann in einem dritten Diagramm erfolgen.

Diagramm 1

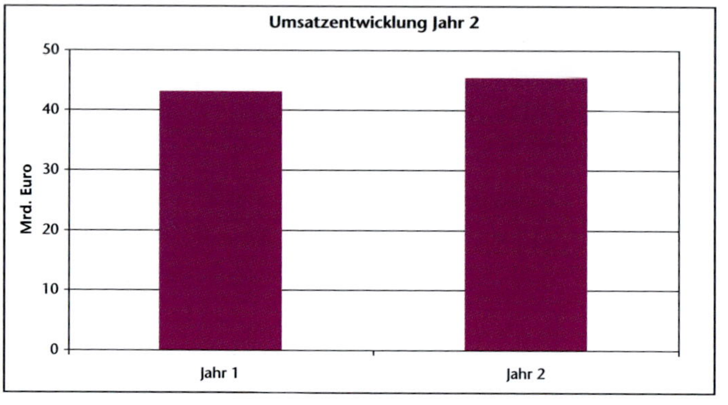

Diagramm 2

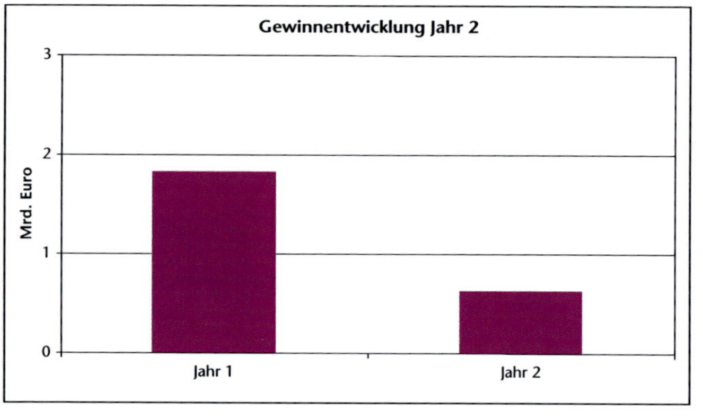

Diagramm 3

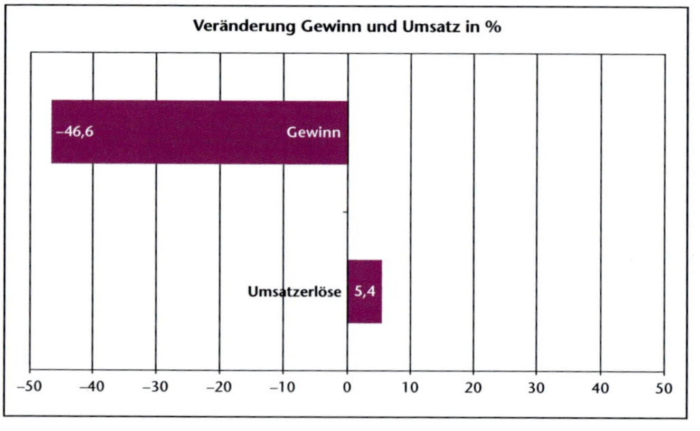

Tipps!

Begrenzen Sie die darzustellende Datenmenge.

Vermeiden Sie unnötige Details.

Vergeben Sie einen aussagekräftigen Diagrammtitel.

Beschriften Sie die Achsen.

Vorsicht vor dreidimensionalen Diagrammen.

Wie an dem Beispiel erkennbar wird, gibt es verschiedene Arten von Diagrammen. Für die Darstellung der absoluten Umsatz- und Gewinnzahlen wurden Säulendiagramme benutzt. Die prozentuale Abweichung vom Vorjahr wurde durch ein Balkendiagramm dargestellt. Daneben gibt es noch weitere Diagrammarten.

Die fünf wichtigsten Diagrammarten sind:

- Säulendiagramm
- Balkendiagramm
- Kreisdiagramm
- Liniendiagramm
- Blasendiagramm

In diesem Kapitel soll vermittelt werden, für welche Daten das richtige Diagramm verwendet wird. Nicht jede Diagrammart ist für alle Datenmengen geeignet.

Säulendiagramm

Beispiel

Der Pro-Kopf-Verbrauch von Zigaretten in Deutschland betrug in:

Jahr 1: 1699 Stück

Jahr 2: 1733 Stück

Jahr 3: 1761 Stück

Grafische Darstellung dieses Sachverhaltes:

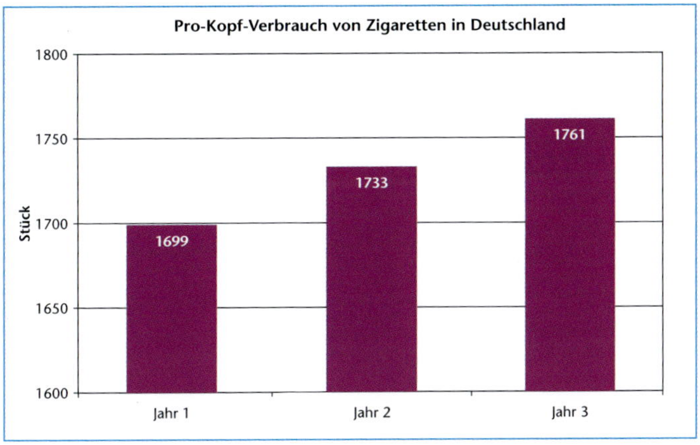

Einsatzmöglichkeiten

- Darstellung von Mengen und anderen absoluten Größen
- Gut für Vergleiche geeignet
- Unterschiede und Größenverhältnisse sollen sichtbar gemacht werden

weitere Beispiele

- Anzahl verkaufter Zigaretten pro Unternehmen
- Umsatz pro Unternehmen
- Werbeausgaben pro Unternehmen
- Höhe der Tabaksteuer pro Jahr
- Ausgaben für Anti-Raucher-Kampagnen pro Jahr
- Anzahl von Lungenerkrankungen pro Jahr
- Pro-Kopf-Einkommen pro Land

Tipps!

Anzahl der Säulen auf 4 (maximal 6) begrenzen.

Säulen nur dann mit den Werten beschriften, wenn diese erforderlich sind.

Soll nicht nur der Pro-Kopf-Verbrauch von Zigaretten, sondern beispielsweise auch der von Zigarren und Zigarillos dargestellt werden, bedient man sich zusammengesetzter Säulendiagramme.

Säulendiagramm (gruppiert nach Produkten)

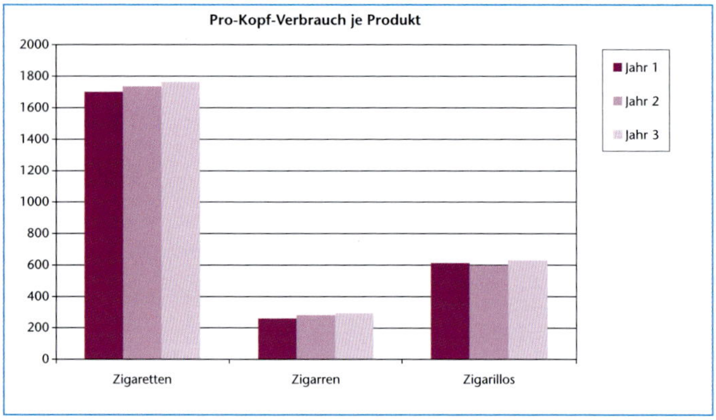

Säulendiagramm (gruppiert nach Jahren)

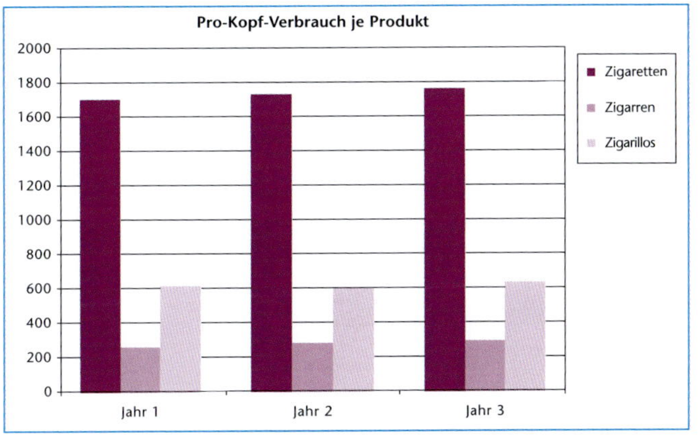

Wird der Pro-Kopf-Verbrauch mit Euro-Beträgen bewertet, dann sind die einzelnen Beträge miteinander vergleichbar und Sie können die Summe aus den drei Produkten je Jahr darstellen:

gestapeltes Säulendiagramm

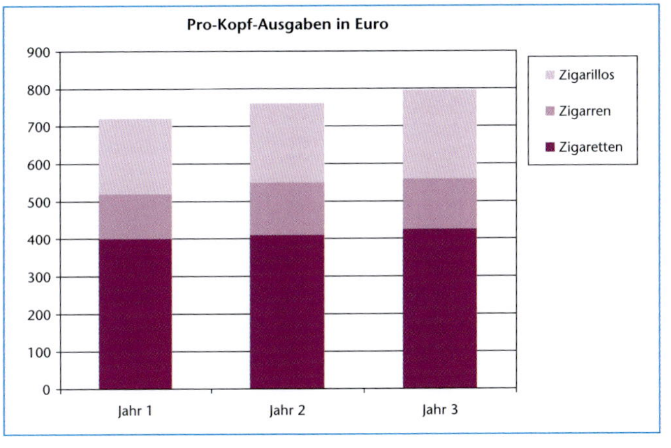

Balkendiagramme

Beispiel

Die vier Industriestaaten Deutschland, Japan, Schweden und Schweiz haben unterschiedliche Pro-Kopf-Einkommen (in Dollar):

Deutschland: 25.120

Japan: 35.620

Schweden: 27.140

Schweiz: 38.140

Stellen Sie diesen Sachverhalt grafisch dar.

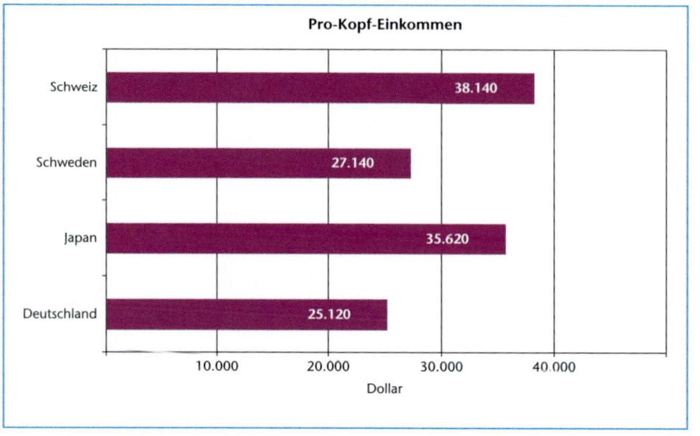

Ein Balkendiagramm unterscheidet sich von einem Säulendiagramm durch die Ausrichtung der Säulen. Horizontale Säulen bezeichnet man als Balken.

Grundsätzlich kann jedes Säulendiagramm auch als Balkendiagramm erstellt werden. Durch die horizontale Ausrichtung des Balkendiagramms wird die Rangfolge stärker betont als beim Säulendiagramm. So wird im Beispiel deutlich, dass die Schweiz das höchste Pro-Kopf-Einkommen hatte und Deutschland das kleinste.

Kreisdiagramme

Beispiel

Weltweit werden inzwischen gut 67 Millionen Hektar Nutzfläche mit gentechnisch veränderten Pflanzen bestellt – eine Fläche fast doppelt so groß wie die Bundesrepublik Deutschland. Der größte Anteil entfällt auf den Anbau von Soja (41,4 Mio. Hektar), gefolgt von Mais (15,4 Mio.), Baumwolle (6,7 Mio.) und Raps (3,5 Mio.).

Grafische Darstellung dieses Sachverhaltes:

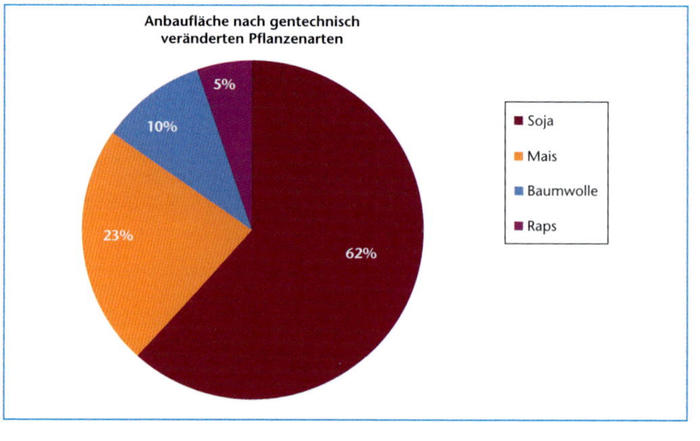

Einsatzmöglichkeiten

- Darstellung der Anteile am Ganzen
- Das prozentuale Verhältnis verschiedener Bereiche soll sichtbar gemacht werden.

weitere Beispiele

- verkaufte Fahrzeuge nach Absatzmärkten
- Gesamtkosten nach Kostenarten
- Raucher nach Geschlecht
- Steuereinnahmen nach Steuerarten
- Sitzverteilung im Parlament

Tipps!

Die Segmente dürfen nicht zu klein sein (kleine Teilmengen unter Sonstige zusammenfassen).

Segmente durch Farben, Muster oder Schraffierungen unterscheidbar machen.

Liniendiagramme

Beispiel

Nachfolgende Statistik zeigt die Entwicklung der Auslandsschulden von Entwicklungsländern.

(Angaben in Mrd. US-Dollar):

Jahr 1	Jahr 2	Jahr 3	Jahr 4	Jahr 5	Jahr 6	Jahr 7	Jahr 8	Jahr 9	Jahr 10	Jahr 11
2388,4	2412,1	2429,7	2522,9	2562,5	2503,3	2471,4	2533,3	2724,3	2763,0	2830,1

Grafische Darstellung dieses Sachverhaltes:

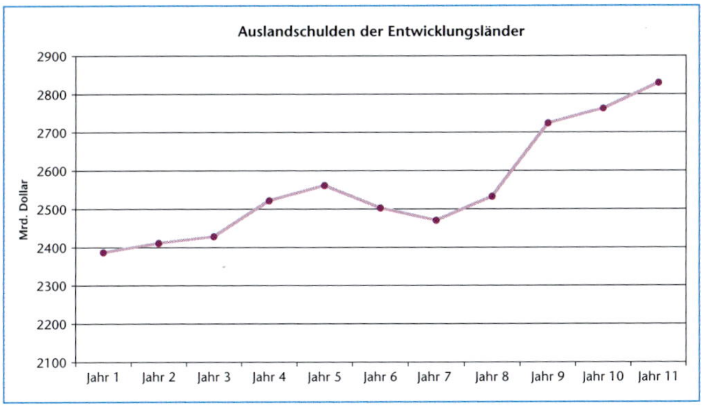

Einsatzmöglichkeiten

- Darstellung von Entwicklungen und Trends
- Veränderungen in einem bestimmten Zeitraum sollen sichtbar gemacht werden

Sobald die Anzahl der Einzelwerte zu groß wird (ab 4–6), sollten Sie vom Säulendiagramm zum Liniendiagramm übergehen.

weitere Beispiele

- Kursentwicklung einer Aktie
- Bevölkerungszahlen eines Landes über einen längeren Zeitraum
- Ausgaben für Forschung über einen längeren Zeitraum
- Entwicklung des Rohölpreises

Blasendiagramm

Beispiel

Ein Unternehmen hat folgende Zahlen für die Anzahl der Mitarbeiter und den erzielten Gewinn (in Tausend Euro) festgehalten:
Jahr 1: 35 Mitarbeiter, Gewinn: 8
Jahr 2: 35 Mitarbeiter, Gewinn: 12
Jahr 3: 30 Mitarbeiter, Gewinn: 14
Jahr 4: 28 Mitarbeiter, Gewinn: 22

Grafische Darstellung des Sachverhaltes:

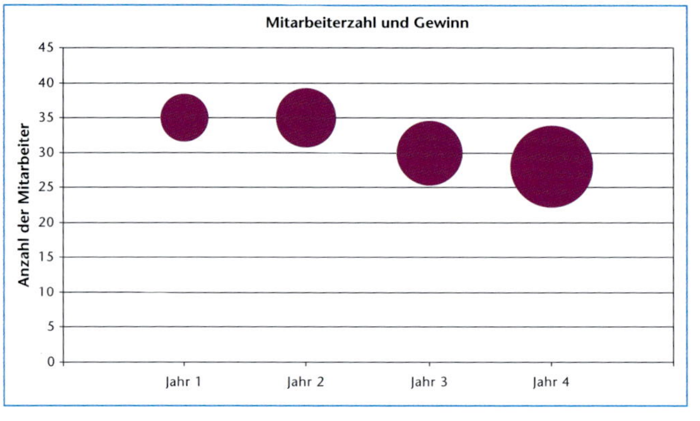

Das Blasendiagramm zeigt die Entwicklung des Unternehmens. Auf den beiden Achsen werden die Jahre und die Anzahl der Mitarbeiter dargestellt. Die Größe der Blasen spiegelt die Höhe des Gewinns wider.

Im Beispiel konnte das Unternehmen den Gewinn steigern (Blasen werden größer), während die Anzahl der Mitarbeiter abnimmt (fallender Verlauf der Blasen).

Einsatzmöglichkeiten

- Darstellung von drei Größen in einem Diagramm
- Veränderung im Zeitablauf

weitere Beispiele

- Pro-Kopf-Einkommen und Steuerlast im Zeitverlauf
- Werbeausgaben und Marktanteil im Zeitablauf
- Anzahl der Zigaretten und Alter im Zeitablauf

Übung

Entscheiden Sie sich bei den nachfolgenden Zahlen für einen geeigneten Diagrammtyp und erstellen Sie ein aussagekräftiges Diagramm.

a) Raucher in Deutschland

22 Mio. Raucher (davon 13,2 Mio. Männer, 8,8 Mio. Frauen)

Raucherquote: Männer: 37 %, Frauen: 28 %

b) Raucherquote 12- bis 25-Jähriger in Deutschland

Es bezeichnen sich als ständiger oder gelegentlicher Raucher:

Alter in Jahren	12 bis 13	14 bis 15	16 bis 17	18 bis 19	20 bis 21	22 bis 23	24 bis 25
Quote (in %)	10	29	44	46	48	42	43

Befragte insgesamt: 38 %.

c) Raucher nach Alter in %

Alter	Männer	Frauen
Insgesamt	37,3	27,9
18–19	53,7	48,4
20–29	47,4	42,6
30–39	49,1	41,0
40–49	40,1	30,9
50–59	31,1	19,7
60–69	18,3	12,0
70–79	16,3	10,0

d) Steuereinnahmen des Bundes in einem Jahr (in Mio. Euro)

Versicherungssteuer	8.326,5
Tabaksteuer	13.778,0
Kaffeesteuer	1.090,7
Branntweinsteuer	2.149,1
Schaumweinsteuer	420,2
Zwischenerzeugnissteuer	30,2
Mineralölsteuer	42.192,5
Stromsteuer	5.096,5
Solidaritätszuschlag	10.403,3
Einfuhrabgaben	4,9
sonstige Bundessteuern	1,7
Bundessteuern insgesamt	83.493,7

e) Entwicklung der Steuerquote (in %) und des durchschnittlichen Gewinns (in Mio. Euro)

Jahr	Steuerquote	Gewinn Mio. Euro
Jahr 1	36	456
Jahr 2	38	756
Jahr 3	43	866

f) Einnahmen des Bundes aus der Tabaksteuer 2000 bis 2004 (Angaben in Mrd. Euro):

Jahr 1/11,9	Jahr 2/12,1	Jahr 3/13,8	Jahr 4/14,1	Jahr 5/13,9

g) Ausgaben für Tabakwaren in Mrd. Euro:

Jahr 1/18,4	Jahr 2/19,2	Jahr 3/19,1	Jahr 4/20,2	Jahr 5/20,4
Jahr 6/21,3	Jahr 7/20,9	Jahr 8/20,2		

2.6 Wie setze ich Sprache und Körper ein?

Der Erfolg einer Präsentation hängt in erster Linie von der vortragenden Person ab. Ihre Rhetorik und körpersprachlichen Fähigkeiten erzielen beim Zuhörer auch bei effektivem Medieneinsatz und optimaler Visualisierung immer noch die größte Wirkung.

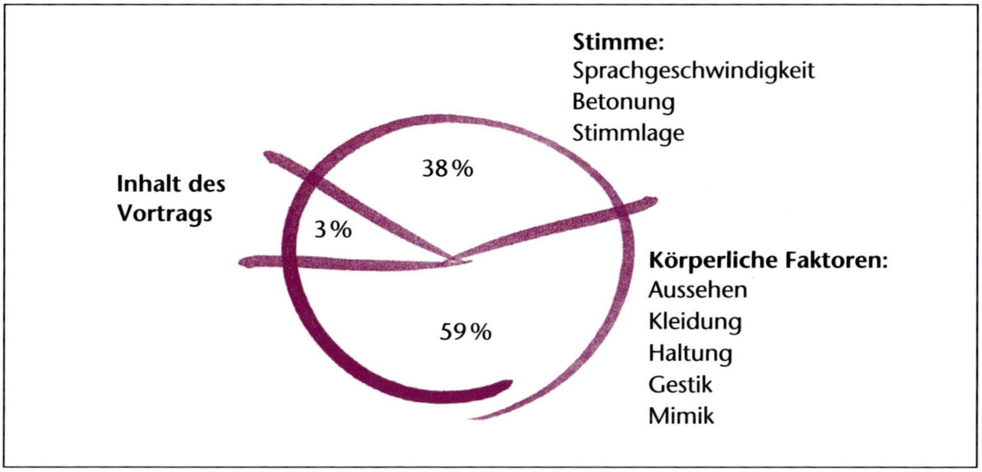

Quelle: Hülpes/Scherer: Betrifft Deutsch/Kommunikation, 2007, S. 28.

Trotz dieser erstaunlichen Erkenntnis sollte Ihnen bewusst sein, dass letztlich das gesamte Paket, also Ausstrahlung des Vortragenden, Medieneinsatz, Visualisierung und gut strukturierter Inhalt, zum Erfolg einer Präsentation beiträgt.

Worauf muss ich als vortragende Person besonders achten?

Der Referent sollte bei der Vorbereitung seines Vortrags drei Schwerpunkte bedenken.

1. Die inhaltliche Struktur (Siehe Kapitel „Wie baue ich meine Präsentation auf?", S. 57ff.)
2. Verbale Kommunikation (Sprechweise)
3. Nonverbale Kommunikation (Körpersprache)

Inhaltliche Struktur

Den inhaltlichen Aufbau haben Sie meist schon bei der Erstellung Ihrer Dokumentation oder Ihres Skripts vorbereitet. Sie können diese allerdings nicht unverändert für Ihre Präsentation übernehmen. Die Sachaussagen und Argumente der schriftlichen Arbeit müssen für ein Publikum interessant gestaltet werden. Bringen Sie dazu Ihre Inhalte auf den Punkt, vereinfachen Sie Sachverhalte, erläutern Sie Fachbegriffe und erklären Sie Grafiken und Zahlenangaben.

Tipps!

Verändern Sie Ihre Ausarbeitung so, dass Sie daraus einen mitreißenden Vortrag zusammenstellen, indem Sie

- *das Thema klar gliedern,*
- *deutlich machen, was Sie vermitteln wollen,*
- *Fragestellungen entwickeln,*
- *anschauliche Beispiele suchen,*
- *eine verständliche Wortwahl finden,*
- *einen freien Vortrag gewährleisten.*

Verbale Kommunikation

Wie kann ich an meiner Sprechtechnik arbeiten?

Als guter Redner wird man nicht geboren. Reden halten kann allerdings geübt und dadurch deutlich verbessert werden. Mithilfe kleiner Übungen kann das Selbstbewusstsein gesteigert werden und mit der Zeit wird das Präsentieren sicherer und erfolgreicher. Gehen Sie Ihre Übungen mit einem gewissen Spaßfaktor an. Spielerisches Üben bringt mehr Freude und Erfolg. Führen Sie die Aufgaben in Partner- oder Gruppenarbeit durch.

Tipps!

Sprechen Sie möglichst frei.

Überlegen Sie, was der Zuhörer erwartet.

Benutzen Sie eine einfache, treffende Wortwahl.

Benutzen Sie möglichst keine Fremdwörter (keine Fachsprache).

Bemühen Sie sich um ein attraktives Sprechen:

- *Kontrollieren Sie Ihre Atmung.*
- *Variieren Sie Lautstärke und Sprechtempo.*
- *Behalten Sie Blickkontakt.*
- *Achten Sie auf variable Betonung.*

Übung

1. Für **Atemtechnik, Lautstärke, Stimmlage und Tempovariationen** eignen sich Leseübungen.
   - Lesen Sie einen Zeitungsartikel vor.
   - Tragen Sie das folgende Gedicht (Goethe; Talisman) vor:

   Im Atemholen sind zweierlei Gnaden:
   Die Luft einziehen, sich ihrer entladen.
   Jenes bedrängt, dieses erfrischt;
   So wunderbar ist das Leben gemischt.
   Du, danke Gott, wenn er Dich presst,
   Und dank Ihm, wenn er Dich wieder entlässt.

   Johann Wolfgang von Goethe: Talisman, in: West-östlicher Divan (1819)

   Beachten Sie beim Vorlesen:
   - Von Satz zu Satz die Lautstärke wechseln.
   - Variieren Sie das Sprechtempo.
   - Betonen Sie die Vokale.
   - Aus- und Einatmen nach jeder Zeile.
2. Häufig wird zu schnell gesprochen, was vor allem bei schwierigen Wörtern problematisch werden kann. Mit den folgenden Wortspielen können Sie **langsames und deutliches Sprechen** üben.

- Fischers Fritze fischt frische Fische, frische Fische fischt Fischers Fritz.
- Blaukraut bleibt Blaukraut, und Brautkleid bleibt Brautkleid.
- Im dichten Fichtendickicht nicken dicke Finken tüchtig, dicke Finken nicken im dichten Fichtendickicht tüchtig.

3. Lesen Sie die beiden Texte über das Ultrakurzzeitgedächtnis laut vor.

Text 1:

Die Tatsache, dass das Ultrakurzzeitgedächtnis wie ein Arbeitsspeicher funktioniert und nur eine begrenzte Aufnahmefähigkeit hat, wie ja durch einige Studien belegt wurde, hat zur Folge, dass Informationen in Sätzen mit einer Länge von mehr als acht Sekunden für den Zuhörer schwer zu erfassen sind.

Quelle: Kürsteiner, Reden, 1999, S. 65.

Text 2:

Studien haben bewiesen, dass das Ultrateilzeitgedächtnis eine begrenzte Aufnahmefähigkeit hat. Die Folge davon ist, dass Inhalte von Sätzen über acht Sekunden Länge nur schwer erfasst werden können.

Quelle: Kürsteiner, Reden, 1999, S. 65.

Welche Fassung spricht den Zuhörer eher an?
Diskutieren Sie in der Gruppe, was im Vergleich der beiden Texte auffällt.
Was können Sie daraus schließen?

4. Halten Sie einen Kurzvortrag von 2–4 Minuten. Bei der Art des Vortrags lassen Sie Ihrer Fantasie freien Lauf.
   - Erklären Sie einen Begriff.
   - Stellen Sie einen Freund vor.
   - Beschreiben Sie Ihr Hobby.
   - Stellen Sie ein Buch vor.

   Wichtig ist, dass Sie vor dem jeweiligen Vortrag genügend Zeit zum Vorbereiten haben.

Ein gutes Hilfsmittel für eine Analyse sind Videoaufnahmen während des Vortrags.

Bei den ersten Vortragsanalysen bietet es sich an, den Vortragenden zunächst frei, d. h. ohne Vorgaben zu beurteilen. Gerade das Betrachten der ersten Videoaufnahmen ist ungewohnt und manchmal auch unangenehm. Seien Sie deshalb bei der Kritik untereinander behutsam, denn Kritik an Sprache, Gestik und Mimik beinhaltet persönliche Komponenten und kann verletzen.

Nach einer Eingewöhnungszeit können die Analysen nach einem Beobachtungsraster erfolgen.

Nonverbale Kommunikation

Sie vermitteln den Inhalt Ihres Vortrags nicht nur mit Worten, sondern auch mit Ihrem Körper. Stimmt die Körpersprache nicht mit Ihrer (hoffentlich) positiven Grundeinstellung zum Inhalt überein, nimmt der Zuhörer dies sehr schnell wahr. Jeder sendet körpersprachliche Signale, die Sie sich bewusst machen sollten. Lernen Sie, diese gezielt einzusetzen.

Zur Körpersprache gehören folgende Signale:

- **Mimik** (Gesichtsausdruck, z. B. Stirnfalten, Mundwinkel heben)
- **Gestik** (Arm- und Handbewegungen, oft wortbegleitend)
- **Körperhaltung**
- **Proxemik** (Bewegen im Raum)

Mithilfe der Körpersprache können Sie zusätzlich Spannung und Interesse des Zuhörers wecken.

Wichtig ist, dass Sie Ihr Thema beherrschen und mit Freude an Ihre Präsentation gehen. Diese Stimmung drückt sich automatisch in Ihrer Körpersprache aus. Nachfolgende Beispiele und Übungen dienen dazu, nonverbale Signale zu erkennen, einzuordnen und gezielt einzusetzen.

Beispiele

für richtigen bzw. falschen Einsatz des Kommunikationsmittels Körpersprache während einer Präsentation:

Wohin mit den Händen?
Das Problem taucht bei Vortragenden immer wieder auf.
Die Beispiele auf den Fotos zeigen unvorteilhafte Haltungen.

→Arme vor dem Oberkörper verschränkt wirkt verkrampft und schränkt die Körpersprache ein.

→Hände hinter dem Rücken halten wirkt wie ein Fußballspieler auf einem Mannschaftsfoto. Schränkt die Körpersprache ein und erscheint bei entsprechender Kopfhaltung überheblich.

→Hände in der Hosentasche. Dies macht einen zu legeren, manchmal auch teilnahmslosen Eindruck.

Oberkörper aufrecht, offene Arme in Hüfthöhe gewinkelt und dazu ein freundlicher Gesichtsausdruck vermitteln Sicherheit und Sympathie.

Körperhaltung mit Stichwortkarte

➜ So nicht! Karte mit beiden Händen tief halten und Blick nach unten vermitteln Unsicherheit. Der Blickkontakt zum Publikum wird vermieden.

➜ Die Karte in einer Hand mit angewinkeltem Arm locker halten. Die andere Hand leicht hängen lassen oder leicht und locker mit bewegen.

Körperhaltung beim Zeigen

Beim Einsatz von Medien wie Flip-Chart, OH-Folien oder Metaplanwand sollten Sie darauf achten, dass Sie Ihren Blick zum Publikum richten (nicht zur Wand). Stehen Sie nicht vor dem Medium, sondern daneben, um die Sicht nicht zu verdecken.

Was sollte ich für eine wirkungsvolle Rede einsetzen?

Alle drei Komponenten Inhalt, Sprache und Körpersprache richtig eingesetzt, machen einen guten Referenten aus.

Tipps!

Mimik	*Mit Ihrem Gesichtausdruck vermitteln Sie Ihre Einstellung zu Ihrem Thema.* *→ Seien Sie möglichst freundlich und offen. Mit einem Lächeln zeigen Sie automatisch Begeisterung für Ihre Präsentation.*
Gestik	*Mit kleinen Handbewegungen können Sie wichtige Aussagen untermauern (Einsatz zwischen Schultern und Hüfte).* *→Verstecken Sie nicht Ihre Hände.*
Körperhaltung	*Stehen Sie aufrecht und gerade. Sie zeigen damit Selbstbewusstsein und Sicherheit.* *→Erstarren Sie nicht in einer Pose.*
Proxemik	*Stellen Sie sich in angemessenem Abstand vor Ihr Publikum.* *→Verstecken Sie sich nicht hinter Barrieren (Pult, Tisch, PC).*

Stellen Sie sich nach den Übungen wichtige Punkte zusammen, die Sie persönlich bei Ihrer Präsentation besonders beachten wollen.

Übungen

1. Beim Menschen existieren Ausdrucksformen für Gesichtsemotionen, die genetisch fixiert, aber nicht immer eindeutig sind. Versuchen Sie folgende Emotionen den vorliegenden Skizzen (A–F) zuzuordnen (mimische Merkmale) und diskutieren Sie mit den Mitschülern Ihre Entscheidung:

   Interesse (Erregung), Freude, Überraschung, Kummer, Zorn, Ekel

A

B

C

D

E

F

2. Versuchen Sie Emotionen (Ärger, Freude, Schreck, Angst, Wut, Verlegenheit, Verwirrung usw.) durch Mimik, Gestik oder Körperbewegungen darzustellen. Die Zuschauer sollen die Stimmung erraten.

   Erörtern Sie, woran Sie eine Emotion erkannt haben.

3. Interpretieren Sie die nonverbalen Signale der vorliegenden Fotos auf dieser und der nächsten Seite und ordnen Sie diese folgenden möglichen Emotionen zu:

   Drohung – Unsicherheit – Nachdenklichkeit – Erschrecken – Wut

   Vergleichen und diskutieren Sie Ihre Ergebnisse mit Ihren Mitschülern.

2.7 Mit Poster präsentieren!

Eine andere Möglichkeit, Inhalte zu dokumentieren und zu präsentieren, ist die Erstellung eines Posters.

Ein Poster oder eine Wandzeitung sind altbewährte Methoden, Ergebnisse einer selbstständigen Arbeit plakativ zu dokumentieren und zu präsentieren. Vorrangiges Ziel ist es, Informationen zu visualisieren. Die Poster dienen dabei auch als Kommunikationsplattform, um mit anderen Teilnehmern in Kontakt zu kommen.

Diese Poster sind nicht vergleichbar mit den bekannten Metaplan- oder Pinnwänden, die oft dicht mit beschriebenen Zetteln, Wolken oder Sprechblasen bestückt sind. Bei einem Poster handelt es sich um eine Art Wandplakat mit einer dezenten, hellen Hintergrundfarbe, auf dem Informationen leicht verständlich bildlich dargestellt werden können.

Im Gegensatz zu Metaplanwänden erarbeiten Sie das Poster nicht gemeinsam mit dem Publikum, sondern stellen den Mitschülern Ihre selbsterarbeiteten Informationen vor. Das Ziel jedes Posters sollte es sein, den Betrachtern neue Informationen zu vermitteln und zu Diskussionen anzuregen.

Gedrucktes Poster:

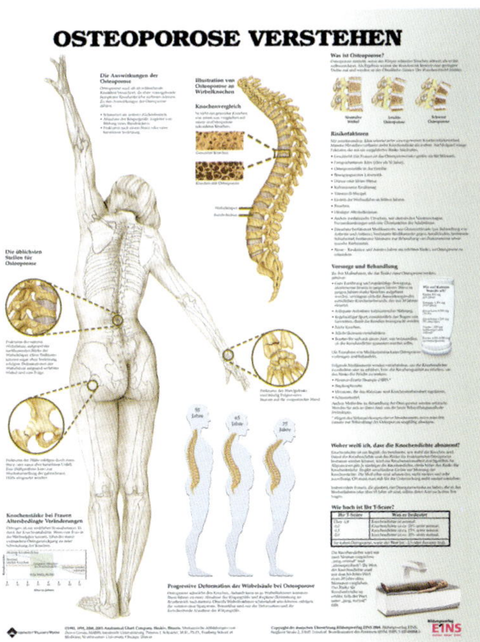

Damit solche Poster attraktiv und ansprechend wirken, muss auf ein ausgewogenes Gleichgewicht aus Text, Bildern und Tabellen geachtet werden. Entscheidend, aber schwierig ist es, nur wichtige Informationen darzustellen und unwichtigere Details wegzulassen. Ein mit Informationen überladenes Poster schreckt den Leser eher ab, insbesondere wenn viele Poster parallel vorgestellt werden. Auf wissenschaftlichen Fachkonferenzen steht der Autor oft neben seinem Poster, um Fragen zu beantworten. Somit kann er dann in einem Gespräch auf Detailfragen eingehen. Genauso wie bei Vorträgen ist es bei Postern entscheidend zu wissen, welchem Publikum Sie Ihre Informationen vorstellen. Bei Fachkonferenzen können Sie Spezialausdrücke verwenden, wenn diese den meisten Teilnehmern bekannt sein sollten. Wird das Poster hingegen Fachfremden vorgestellt, so müssen Sie darauf achten, dass Fachausdrücke vermieden oder erklärt werden. Ein Poster muss ohne Zusatzinformation verständlich sein.

Ein Poster sollte also folgenden drei Anforderungen genügen:

Tipps!

Hintergrundmaterial *mindestens DIN A2/1 großes Papier; die Schrift sollte einen starken Kontrast zum Hintergrund aufweisen (beispielsweise schwarz auf weiß oder umgekehrt).*

Eine Überschrift *sollte das Interesse der Teilnehmer wecken und groß genug sein, sodass man sie schon aus der Entfernung lesen kann.*

Inhalt: *Kann je nach Art des Posters frei gestaltet werden; eine häufige Gliederung ist folgende:*

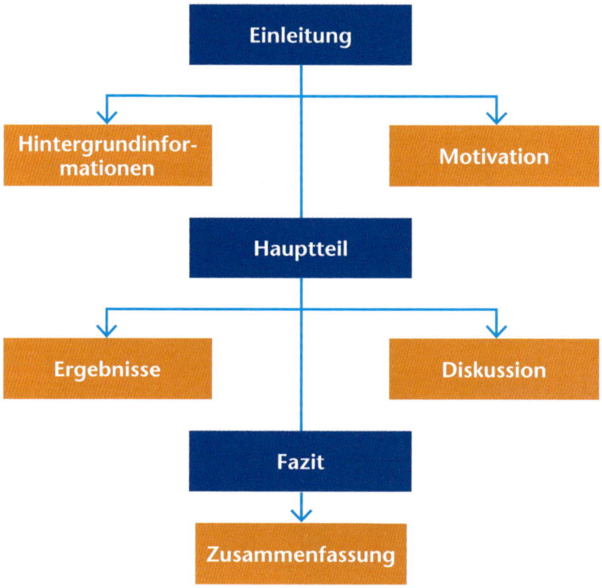

Das Fazit *sollte hervorgehoben werden (beispielsweise fett geschrieben/unterstrichen/rot markiert), sodass man die Hauptaussage versteht, auch ohne den Rest des Posters gelesen zu haben.*

Der Text *sollte, wenn möglich, so groß gedruckt werden, dass man auch aus 1–2 m Entfernung keine Probleme beim Lesen hat. So können mehrere Teilnehmer gleichzeitig das Poster lesen (mindestens 1 m hoch). Falls ein Poster handschriftlich gestaltet wird, sollte die Schrift gut lesbar sein (am besten durch Druckschrift).*

Die Textblöcke *sollten kurz und allgemein verständlich geschrieben werden. Unnötige Details werden weggelassen, da diese in einem persönlichen Gespräch hinzugefügt werden können. Beschriften Sie nur die wichtigsten Grafiken, Tabellen oder Bilder.*

Web

Weitere Beispiele für gedruckte und nicht-gedruckte Poster finden Sie im BuchPlusWeb-Material.

2.8 Hilfe – ich bin nervös!

Wie fühlen Sie sich, wenn Sie wissen, dass Sie etwas vor einem Publikum vortragen müssen? Beunruhigt oder gar verängstigt? Seien Sie unbesorgt, das ist nicht ungewöhnlich. Die meisten Personen haben ähnliche Befürchtungen davor:

- Nicht zu wissen, was man sagen soll
- Keine Worte zu finden
- Den Faden zu verlieren
- Wichtiges zu vergessen
- Zu langweilen
- Ausgelacht zu werden

Wie kann ich Lampenfieber abbauen?

Sie können für sich Strategien entwickeln, um Ängste abzubauen. Allerdings sollten Sie sich nicht ganz ruhigstellen, denn eine leichte Anspannung steigert Konzentration und Leistungsfähigkeit.

Übermäßige Anspannung und Verkrampfung vor einem Vortrag drücken sich häufig durch folgende Symptome von Lampenfieber beim Vortragenden aus.

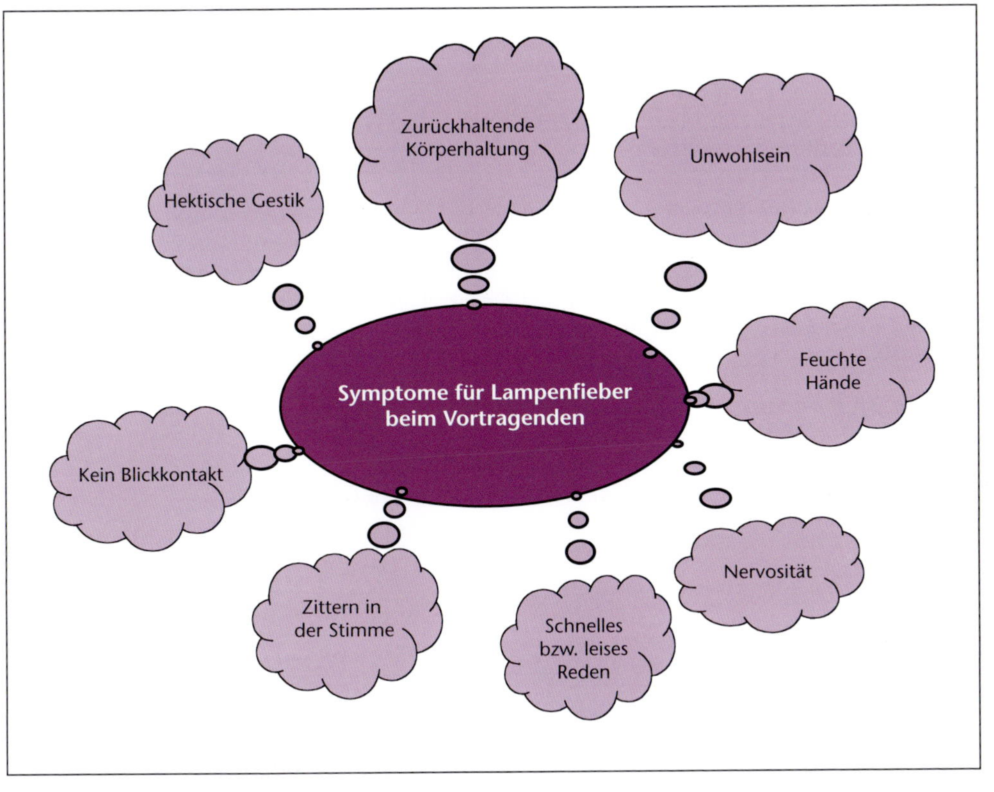

Übung

Beantworten Sie folgende Fragen schriftlich:

- Welche Symptome treten bei mir vor einem Vortrag auf?
- Welche Symptome treten bei mir während eines Vortrags auf?
- Was sind die Hauptursachen für diese Symptome?

Wie kann ich solche Symptome einschränken?

Zum Abbau von Lampenfieber bei Präsentationen bieten sich drei Strategien an.

- **Eine gute Vorbereitung**
- **Eine positive Einstellung entwickeln**
- **Zur Übung jede Gelegenheit zum Vortragen nutzen**

Für eine **gute Vorbereitung** wurden Ihnen in diesem Kapitel schon einige Tipps gegeben, z. B. der Einsatz von kleinen Karteikärtchen mit Stichworten zur Vortragssicherung (siehe Seite 59ff.). Wenn Sie sich über die nachfolgend aufgeführten Kriterien für eine gute Präsentation Gedanken gemacht haben, ist ein entscheidender Schritt für einen erfolgreichen Vortraggetan.

- Zielorientierung
- Zuhörer
- Aufbau und Struktur
- Medien
- Visualisierung
- Rhetorik

Machen Sie zur Sicherheit noch eine Generalprobe und werfen Sie Ihr Konzept kurz vor der Präsentation nicht mehr um.

Um sich eine **positive Einstellung** zu verschaffen, bieten sich kleine Übungen von Präsentationssequenzen (evtl. mit Videoaufnahmen) an. Sie werden bemerken, dass Sie auf andere gar nicht negativ wirken und dass kleine Fehler nicht dramatisch, sondern menschlich sind. Beobachten Sie sich selbst, achten Sie gezielt auf Gestik, Mimik, Körperhaltung und Sprechweise. Tipps hierzu erhalten Sie in den Kapiteln „Wie setze ich Sprache und Körper ein?" (S.92ff.) und „Bewertungskriterien einer Präsentation" (S.105ff.)

Wie stelle ich mich kurz vor der Präsentation positiv ein?

Tipps!

Atmen Sie mehrmals tief durch.

Machen Sie kleine Sprechproben.

Formulieren Sie Ihren ersten Satz.

Bauen Sie sich im Team gegenseitig auf („Wir schaffen es! Wir sind die Experten!").

Treten Sie mit einem Lächeln auf.

Fangen Sie langsam an.

2.9 Bewertungskriterien einer Präsentation

Sie haben gesehen, dass eine erfolgreiche Präsentation von vielen unterschiedlichen Faktoren abhängt:

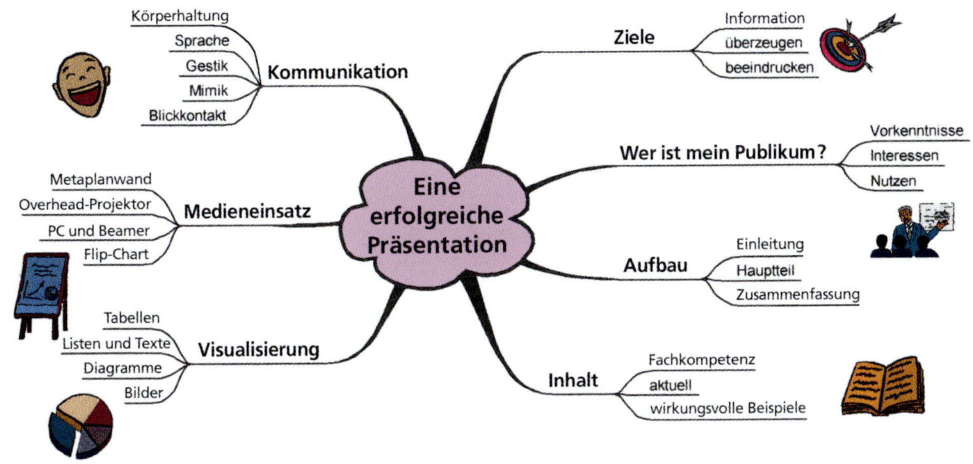

Deshalb stellt die Bewertung einer Präsentation auch hohe Anforderungen an die Bewertenden.

Die Autoren dieses Buches bewerten z. B. die Präsentationsleistung der Seminarkursteilnehmer in folgenden drei Bereichen:

Aufbau und Inhalt	Visualisierung und Medieneinsatz	Persönlichkeit (Mimik, Gestik, Sprache)

Die Fragen zu den drei Bereichen sollen Ihnen eine genauere Vorstellung davon vermitteln, worauf es bei einer Präsentation ankommen kann.

Aufbau und Inhalt

- Ist der Aufbau systematisch und zielgerichtet?
- Ist ein roter Faden klar erkennbar?
- Sind die Aussagen sachlich richtig?
- Wird die Problemstellung deutlich?
- Ist die Argumentation schlüssig?
- Sind Haupt- und Nebenaspekte angemessen gewichtet?
- Werden anschauliche Beispiele eingesetzt?
- Werden Fachbegriffe verwendet und verständlich erklärt?
- Ist die Wortwahl insgesamt angemessen und verständlich?

Visualisierung und Medieneinsatz

- Werden die Medien richtig bedient?
- Ist der Medieneinsatz insgesamt angemessen?
- Werden die Inhalte durch die Visualisierungen anschaulicher?
- Sind die Tabellen übersichtlich?
- Sind die Diagramme aussagekräftig?
- Werden Farben sinnvoll eingesetzt?

Persönlichkeit

- Wird der Vortrag weitgehend frei gehalten?
- Wird Blickkontakt zu den Zuhörern gesucht?
- Ist der Vortrag sicher und flüssig?
- Ist der Vortrag angemessen in Lautstärke und Betonung?
- Wie ist die Körperhaltung?
- Ist der Referent glaubwürdig?
- Können die Zuhörer begeistert werden?
- Wird bei Präsentationen im Team partnerschaftlich präsentiert?

Tipps!

Bewerten Sie sich bei Übungspräsentationen immer wieder gegenseitig!

Keine Angst vor der Kritik der anderen. Sie helfen sich damit gegenseitig auf dem Weg zum professionellen Präsentieren.

Web

Ein Beispiel für einen Bewertungsbogen finden Sie im BuchPlusWeb-Material.

3 Ergebnis verteidigen

3.1 Was ist ein Kolloquium?

Häufig schließt sich an eine Präsentation ein sogenanntes Kolloquium an. So wird beispielsweise der Seminarkurs in Baden-Württemberg am Ende des 2. Halbjahres obligatorisch mit einem Kolloquium abgeschlossen.

Was ist überhaupt ein Kolloquium?

Im Wörterbuch findet sich unter dem Begriff Kolloquium die Erklärung „wissenschaftliches Gespräch zu Lehrzwecken".

Das Kolloquium ist demnach ein Prüfungsgespräch zwischen dem oder den betreuenden Lehrer(n) und einem/einer Schüler/-in bzw. einer Gruppe von Schülern.

- Wie läuft ein Kolloquium ab?
- Welche Inhalte hat dieses Prüfungsgespräch?
- Wie kann ich mich darauf vorbereiten?
- Welche Kriterien werden für die Bewertung herangezogen?

Diese Fragen sollen im folgenden Kapitel beantwortet werden.

In der praktischen Durchführung eines Kolloquiums kann es durchaus Unterschiede geben. Einfacher ist es deshalb zunächst zu erläutern, was ein Kolloquium **nicht** ist: Ein Kolloquium ist kein reines Abhören von Faktenwissen.

Das Kolloquium ist vielmehr ein Prüfungsgespräch, in dem es inhaltlich um Ihre Dokumentation und/oder ihre Präsentation geht. Darüber hinaus kann es in diesem Gespräch aber auch um den Prozess der Dokumentationserstellung, um Ihr methodisches Vorgehen, Ihr Urteilsvermögen und um Ihre Reflexionsfähigkeit gehen.

3.2 Wie kann ich mich auf das Kolloquium vorbereiten?

Ein Gespräch ist dadurch gekennzeichnet, dass man nicht zuverlässig vorhersagen kann, wie sich das Gespräch entwickelt. Diese Ungewissheit über den Verlauf eines Gesprächs ist auch für das Kolloquium typisch.

Wovon hängt der Gesprächsverlauf des Kolloquiums ab?

- vom Thema
- von den Lehrern
- von Ihren Gruppenmitgliedern (falls das Kolloquium in der Gruppe durchgeführt wird)
- von Ihrem Gesprächsverhalten
- von Ihren Zielen und Motiven (z. B. Note)
- vom Zeitpunkt
- vom Ort

Die vielfältigen Einflussfaktoren und der offene Charakter des Kolloquiums machen es erforderlich, sich gezielt auf dieses Gespräch vorzubereiten. Die Vorbereitung ist sicher schwieriger als beispielsweise die Vorbereitung auf das Abfragen spanischer Vokabeln. Dennoch gibt es auch für die Vorbereitung eines Kolloquiums einige Grundregeln, die Sie beachten sollten, um sicher und selbstbewusst in das Prüfungsgespräch zu gehen.

Nervosität in den Griff bekommen

Die meisten Menschen sind vor einem Prüfungsgespräch aufgeregt und nervös. Das ist völlig normal. Ein gewisses Maß an Nervosität erhöht die Aufmerksamkeit und steigert die Leistungsfähigkeit. Ist dieses Maß allerdings überschritten, verkehrt es sich leicht ins Gegenteil. Überhöhte Nervosität blockiert und Sie können ihre wahren Fähigkeiten nicht mehr unter Beweis stellen.

Was können Sie dagegen machen?

Gehen Sie ruhig davon aus, dass Ihr Gegenüber durchaus Verständnis für eine gewisse Aufgeregtheit mitbringt. Jeder Lehrer weiß, dass es Schüler gibt, die mit großer Nervosität in ein Prüfungsgespräch gehen.

Hier einige Tipps, wie Sie Ihre Nervosität vor dem Prüfungsgespräch in den Griff bekommen können.

Tipps!

Schlafen Sie die Nacht zuvor ausreichend, um ausgeruht zu sein.

Nehmen Sie sich ausreichend Zeit, damit Sie nicht abgehetzt zum Kolloquium erscheinen.

Vermeiden Sie aufputschende Getränke (wie z. B. Kaffee), die Ihre Nervosität nur noch steigern.

Sprechen Sie vorher mit Ihren Mitschülern: Die Nervosität sinkt, sobald man beschäftigt ist und dadurch abgelenkt wird.

Atmen Sie kurz vor Beginn tief durch.

Sprechen Sie zu Beginn des Gesprächs Ihre Aufgeregtheit kurz an, das baut diese ab.

Die eigene Rolle kennen

Gespräche lassen sich in symmetrische und asymmetrische Gespräche unterteilen.

Bei einem symmetrischen Gespräch sind die Gesprächsteilnehmer absolut gleichberechtigt. Jeder Gesprächsteilnehmer kann unter Beachtung vereinbarter Regeln jederzeit in das Gespräch eingreifen, Themen bestimmen und Fragen stellen.

Ist die Rollenverteilung der Gesprächsteilnehmer bezüglich der Gestaltung des Gesprächs festgelegt, spricht man von einem asymmetrischen Gespräch.

Ein klassisches Beispiel eines asymmetrischen Gesprächs ist eine Zeugenbefragung vor Gericht. Der Richter bestimmt den Ablauf des Gesprächs, indem er Fragen stellt und den Zeugen auffordert, zu bestimmten Ereignissen Stellung zu nehmen. Zwar kann auch der Zeuge in einem gewissen Rahmen in das Gespräch eingreifen, aber seine Möglichkeiten sind eindeutig begrenzt. Der Richter lenkt und steuert das Gespräch. Für den Zeugen ist es wichtig, seine Rolle in einer Zeugenbefragung zu kennen. Verhält er sich nicht wie für einen Zeugen angemessen, muss er mit einer Zurechtweisung durch den Richter rechnen.

Was für eine Art Gespräch ist nun das Kolloquium?

Welche Rolle haben Sie zu übernehmen?

Ein Kolloquium enthält sowohl symmetrische als auch asymmetrische Elemente.

Unbestritten bestimmt zunächst der Lehrer den Ablauf des Gesprächs, indem er Ihnen Fragen stellt oder Sie auffordert zu einem Sachverhalt Stellung zu nehmen. Insofern ist es berechtigt, von einem asymmetrischen Gespräch zu sprechen. Ihre Rolle beschränkt sich allerdings nicht nur auf die Beantwortung der Fragen (wie bei einer Zeugenbefragung), sondern von Ihnen wird, stärker als Sie es vielleicht bisher gewohnt sind, eine aktive Gesprächsgestaltung erwartet.

Sie haben sich über Wochen mit dem abgesprochenen Thema (z. B. Jugend und Rauchen) beschäftigt und sind so zu einem Experten geworden. Nun sollen Sie dies im Kolloquium auch unter Beweis stellen. Je stärker Sie im Verlauf des Prüfungsgesprächs zu einem gleichberechtigten Gesprächspartner werden, desto besser erfüllen Sie die Erwartungen an Ihre Rolle im Kolloquium und desto besser wird auch Ihre Bewertung ausfallen.

Die Anforderungen richtig einschätzen

Im Zentrum des Kolloquiums steht meistens Ihre Dokumentation und/oder Ihre Präsentation. Die Lehrer gehen davon aus, dass Sie sich mit Ihrem Thema intensiv auseinandergesetzt haben und kompetent dazu Stellung nehmen können. Ihre Lehrer werden Sie deshalb verstärkt mit sogenannten offenen Fragen konfrontieren. Während geschlossene Fragen die Antworten oft auf ein Wort einschränken, lassen offene Fragen dem Befragten mehr Spielraum zur Beantwortung. Sie können auf diese Weise Inhalt und Intention der Antwort selbst steuern.

Beispiel

Seminarkurs Phänomen Rauchen
Dokumentation „Jugendsünde Rauchen – AusWegLos!?“

Geschlossene Frage:
„Wie viel Prozent der Jugendlichen beginnen vor 14 mit dem Rauchen?“

Offene Frage:
„Wie ist der hohe Prozentsatz jugendlicher Raucher zu erklären?“

Offene Fragen prüfen einerseits zwar Wissen ab, sind aber andererseits auch geeignet, das Gespräch in Gang zu bringen, Prozesse anzuregen und Stellungnahmen und Argumente herauszufordern.

Wenn Sie jetzt einen konkreten Fragenkatalog erwarten, werden Sie enttäuscht. Die konkreten Fragen hängen vom Thema Ihrer Dokumentation oder Präsentation und von Ihren Lehrern ab. Trotzdem gibt es unterschiedliche Arten von Fragen, derer sich die Lehrer im Kolloquium bedienen können.

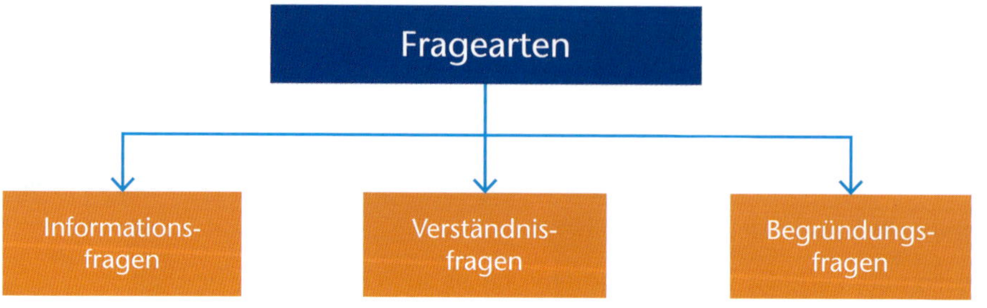

Wir möchten Ihnen am Beispiel des Ihnen inzwischen wohlbekannten Seminarkurses Phänomen Rauchen und der Dokumentation „Jugendsünde Rauchen – AusWegLos!?" einige Frageformen und deren Intention vorstellen.

Informationsfragen

Informationsfragen dienen dazu herauszufinden, ob Sie sich in ihrem Thema auskennen und die wichtigsten Fakten beherrschen.

Beispiel

- Welche Motive haben Jugendliche für das Rauchen?
- Wie versucht der Staat Jugendliche vor dem Rauchen zu schützen?
- Wie sind Sie an die Informationen für ihre Dokumentation gekommen?

Tipp!

Erstellen Sie ein Mindmap von Ihrer Dokumentation und prägen Sie sich dieses Bild ein.

Verständnisfragen

Häufig verwenden Sie in Ihrer Dokumentation Begriffe, die einer näheren Erläuterung bedürfen. Die Seminarkursleiter nutzen diese Begriffe für sogenannte Verständnisfragen, weil sie die Bedeutung des Begriffs hinterfragen. Sie klären, ob Sie die Bedeutung des Begriffs verstanden haben und sinnvoll erläutern können.

Beispiel

- Inwiefern betrachten Sie den Schutz Jugendlicher vor dem Rauchen als unzureichend?
- Was meinen Sie genau, wenn Sie von einer Gefahr für die Gesellschaft sprechen?

Tipp!

Schreiben Sie drei Kernaussagen Ihrer Arbeit auf ein Blatt und erläutern Sie diese Aussagen.

Begründungsfragen

Begründungsfragen prüfen Sachverhalte auf ihre Plausibilität. Sie dienen dazu zu erkennen, ob Sie die Probleme tatsächlich verstanden haben und sinnvolle Lösungsansätze bieten können.

Beispiel

- Warum fördert die Zigarettenindustrie Rauchfrei-Programme für Jugendliche? Ist das kein Widerspruch?
- Wieso ist der Anteil der Mädchen bei den 12- bis 15-jährigen Rauchern höher als bei den Jungen?

Tipps!

Geben Sie Ihre Dokumentation einem Unbeteiligten (Freund, Bruder, Schwester, Vater, Mutter ...) und lassen Sie ihn drei (Wieso? Weshalb? Warum?) Fragen stellen.

Können Sie diese Fragen zur Zufriedenheit beantworten?

Die Fragen im Kolloquium müssen sich nicht zwangsläufig auf den Inhalt der Dokumentation oder Präsentation beziehen. Sie können sich auch auf den Prozess der Dokumentationserstellung, der Präsentationsdurchführung, die angewandten Methoden oder das Projekt an sich beziehen.

Beispiel

- Wie sind Sie vorgegangen, um an relevante Informationen zu kommen?
- Welche Probleme sind dabei aufgetreten?
- Was würden Sie beim nächsten Mal anders machen?
- Wie haben Sie die Teamarbeit organisiert?
- Wie war ihr Zeitmanagement?
- Würden Sie sich noch mal für dieses Projekt entscheiden?
- Haben Sie Verbesserungsvorschläge für den Ablauf des gesamten Projekts?

Mit Argumenten überzeugen

Sie können nun ungefähr abschätzen, was Sie im Kolloquium erwartet und was im Kolloquium von Ihnen erwartet wird. Das Wissen um die Erwartungen ist eine Sache, die Erfüllung dieser Erwartungen eine andere.

Wie müssen Sie sich im Kolloquium verhalten, um den Anforderungen gerecht zu werden und letztlich eine gute Note zu erhalten? Wie können Sie Ihre Lehrer überzeugen, dass Sie sich intensiv mit Ihrem Projekt beschäftigt haben?

Guten Argumenten kann sich niemand verschließen. Deshalb ist es für Sie entscheidend, dass Sie in dem Gespräch gut argumentieren.

Argumente können sich auf verschiedene Grundlagen beziehen. Sie sollten immer zielbezogen, plausibel und nachvollziehbar sein. Oft verwendet man auch sogenannte Argumentationsketten, also mehrere Argumente nacheinander, die logisch aufeinander aufbauen.

Fakten

Fakten sind allgemein anerkannte und nachprüfbare Sachverhalte. So gilt es beispielsweise als allgemein anerkannt, dass

- sich die Weltbevölkerung in den letzten 30 Jahren verdoppelt hat,
- im Wasser Sauerstoff vorkommt,
- bei steigenden Preisen die Nachfrage sinkt,
- unsere Rohstoffvorkommen begrenzt sind,
- Rauchen ein Gesundheitsrisiko darstellt.

Mit Fakten können Sie Ihre Aussagen untermauern. Dennoch ist hier Vorsicht geboten. Wenn Sie versuchen, Gerüchte oder Halbwahrheiten als Fakten zu verkaufen, können Ihre Argumente leicht widerlegt werden.

Beispiel

Es steht fest, dass Nichtraucher willensstärker sind als Raucher.

Nachfolgend finden Sie Auszüge aus Kolloquiumsgesprächen aus dem Seminarkurs Phänomen Rauchen, bei denen die Schüler mit Fakten argumentieren:

(Seminarkursleiter L, Seminarkursteilnehmer T)

Beispiel

L: Wie schätzen Sie die Auswirkungen des Rauchens auf Sportler ein?

T: Tabakkonsum ist für Sportler schädlich. (Aussage)

Die Muskelkraft nimmt um 10 % ab, da weniger Sauerstoff zu den Muskeln gelangt. *(Fakt als Argument)*

L: Welche Rolle spielt das Nikotin?

T: Nikotin gilt als schnell süchtig machende Droge. (Aussage)

Beim Rauchen gelangt das Nikotin in die Lunge und von dort ins Blut. Die Nikotinmoleküle erreichen binnen weniger Sekunden das Gehirn, heften sich an die Nervenzellen und beeinflussen deren Aktivität. **(Fakt als Argument)**

Eigene Erfahrungen

Eigenen Erfahrungen haftet zwar der Makel fehlender Objektivität an, sie stellen aber durchaus eine Möglichkeit dar, bestimmte Aussagen glaubhaft zu untermauern.

Beispiel

L: Beschreiben Sie Wege aus der Abhängigkeit.

S: Es gibt die Möglichkeit über Medikamente, über Einzeltherapien und über Gruppentherapien.

L: Wie beurteilen Sie die Wirkung von Medikamenten?.

S: In der Vergangenheit haben sich zwei Präparate durchgesetzt: das Kaugummi und das Pflaster (Aussage).

Wie ich selbst bei meinen Versuchen, mit dem Rauchen aufzuhören, festgestellt habe, wird die Wirkung dieser Präparate allerdings deutlich überschätzt. (Erfahrungsargument)

Beispiele

Bei einem Beispiel versuchen Sie, Ihren Gesprächspartner mit einem geeigneten Einzelfall zu überzeugen und so Ihre Aussage zu stützen. Beispiele haben den großen Vorteil, dass sie plastisch und eingängig sind. Eine wichtige Voraussetzung für die Wirksamkeit ist allerdings, dass das Beispiel auch wirklich zu der Aussage passt.

Beispiel

L: Welche Rolle spielen die Krankenkassen?

S: Erwartungsgemäß sind die Krankenkassen ein entschiedener Gegner des Rauchens. Sie versuchen, über regelmäßige Kampagnen Einfluss auf das Rauchverhalten Jugendlicher zu nehmen. (Aussage)

Zusammen mit dem Institut für Therapieforschung in Kiel haben die Betriebskrankenkassen im Schuljahr 2003/04 einen Wettbewerb unter dem Motto „be smart – don't start" ins Leben gerufen. Dieser Wettbewerb richtet sich direkt an Schulklassen. (Beispielargument)

Statistik

Eine weitere Möglichkeit im Gespräch zu überzeugen, ist die Argumentation mit Zahlen. Zahlen haben einen objektivierenden Charakter und wirken wissenschaftlich und rational. Falls Sie in ihrer Dokumentation bereits mit Statistiken gearbeitet haben, bereiten Sie diese Zahlen für das Kolloquium gut vor, um entsprechende Aussagen durch Zahlen bekräftigen zu können. Ansonsten machen Sie sich auf die Suche, um Ihre zentralen Aussagen durch Zahlen belegen zu können. Aber auch hier gilt: Vorsicht! Nur wenn die Quellen der Zahlen zuverlässig und nachvollziehbar sind, sollten Sie die Ergebnisse für Ihre Argumentation nutzen. Ansonsten laufen Sie auch hier Gefahr, dass Ihr Argument angezweifelt oder gar widerlegt wird.

Beispiel

L: Was können Sie über die Wirksamkeit der Entwöhnungsmethoden sagen?

S: Am wirksamsten ist die Kombination verschiedener Methoden. (Aussage)

So haben in 9 von 10 Fällen Nichtraucherkurse kombiniert mit dem Einsatz eines Nikotinersatzmittels (z. B. Kaugummi) zum Erfolg geführt, während reine Nichtraucherkurse nur in 7 von 10 Fällen zum Erfolg geführt haben. (Statistikargument)

L: Gibt es Auswirkungen auf die schulischen Leistungen von Rauchern?

S: Natürlich, Raucher sind insbesondere beim Schulsport benachteiligt. (Aussage)

So absolvieren Nichtraucher beim Cooper-Test (in 12 Minuten möglichst große Wegstrecke zurücklegen – Anm. der Autoren) durchschnittlich 2.613 m, während leichte Raucher nur 2.518 m und starke Raucher gar nur 2.253 m erreichen. (Statistikargument)

Prognosen

Eine Prognose ist eine Vorhersage der Zukunft. Sie argumentieren dabei mit „Wenn-dann"-Formulierungen: Wenn bestimmte Voraussetzungen vorliegen, dann wird eine bestimmte Situation eintreten.

Die Ungewissheit der Zukunft ist sowohl die Stärke als auch die Schwäche dieser Argumentationsart. Eine Prognose kann sehr spannend sein und ein Gespräch unglaublich bereichern. Sie ist auf der anderen Seite natürlich leicht angreifbar, da Sie immer bestimmte Annahmen treffen müssen, unter denen die Vorhersage eintreffen soll. Versuchen Sie deshalb nie, Ihre Prognosen als Fakten zu verkaufen. Machen Sie im Gespräch vielmehr deutlich, worum es sich handelt, nämlich um eine subjektive Einschätzung der Zukunft. Das gilt übrigens nicht nur für Ihre eigenen Prognosen, sondern auch für die Prognosen sogenannter Fachleute.

Prognosen lassen sich sehr gut mit anderen Argumenten verbinden (aufgrund von Fakten, eigenen Erfahrungen oder einer entsprechenden Statistik erwartet, befürchtet oder erhofft man bestimmte Entwicklungen).

Beispiel

L: Was halten Sie davon, die Tabaksteuer drastisch zu erhöhen, um mit den Steuermitteln Anti-Raucher-Kampagnen zu finanzieren?

S: Über eine Steuererhöhung lassen sich nicht unbedingt Steuermehreinnahmen erzielen. (Aussage)

Es gibt Prognosen, die erwarten bei einer Steuererhöhung von 25 % sogar eine Verringerung der Steuereinnahmen um 5 %, da viele Raucher die Steuererhöhung zum Anlass nehmen, mit dem Rauchen aufzuhören, auf andere Produkte umzusteigen oder künftig ihre Zigaretten auf dem Schwarzmarkt zu beziehen. (Prognoseargument)

Klar kommunizieren

„Eine perfekte Kommunikation kann stattfinden, wenn davon alle Individuen ausgeschlossen werden."

(Norbert Simon, IT-Spezialist, http://www.aphorismen.de/display-aphorismen.php *(25.05.2005))*

Kommunikation birgt immer das Risiko des Missverständnisses in sich. Was Person A sagt, kann von Person B ganz anders aufgenommen werden, als von A beabsichtigt. Deshalb ist es gerade auch in Prüfungsgesprächen sehr wichtig, sich möglichst klar und eindeutig auszudrücken.

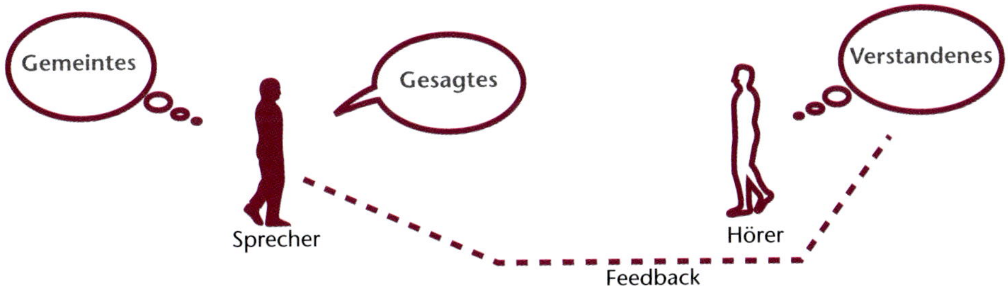

Quelle: Aßmann u. a.: Mit Sprache, 2004, S. 49.

Grundvoraussetzung für eine klare Kommunikation in einem Prüfungsgespräch sind fundierte Kenntnisse. Nur wenn Sie Ihr Themengebiet beherrschen, können Sie im Kolloquium überzeugend auftreten. Wenn Sie nur lückenhafte und unzusammenhängende Kenntnisse besitzen, werden Sie dies vor ihren Gesprächspartnern kaum verbergen können. Ihre Äußerungen werden dann als unklar und unsicher wahrgenommen und Ihr gesamtes Auftreten wird darunter leiden.

Ohne Fachwissen können Sie also kein erfolgreiches Prüfungsgespräch durchführen.

Nur mit Fachwissen allerdings auch nicht! Zusätzlich ist Ihre Kommunikationsfähigkeit gefragt.

Nachfolgend einige Tipps, wie Sie in der Situation Prüfungsgespräch angemessen kommunizieren.

Tipps!

- *Klare Formulierungen: Verzichten Sie auf Formulierungen wie „eigentlich", „vielleicht", oder „wohl", wenn Sie sich Ihrer Sache sicher sind.*
- *Gezielt auf Fragen eingehen: Fragen Sie ruhig nach, wenn eine Frage unklar geblieben ist.*
- *Redebeitrag kurz halten: Vermeiden Sie Abschweifungen, die eher vom Thema wegführen.*
- *Sachlich bleiben: Unterlassen Sie persönliche Angriffe auf Gesprächsteilnehmer.*

Weitergehende Tipps, falls das Prüfungsgespräch in einer Gruppe stattfindet:

- *Redewunsch signalisieren: Mit einem kurzen Handzeichen können Sie Ihren Redewunsch bekannt machen.*
- *Keine Wiederholungen: Ziehen Sie Ihre Wortmeldung zurück, die sich durch andere Teilnehmer erledigt hat.*

Ihr Körper redet mit

„Wie Sie Ihren Körper – meist unbewusst – als Instrument im Gespräch nutzen, hat durchaus Einfluss auf die Wirkung dessen, was Sie sagen."
(Kanitz, Gesprächstechniken, 2004, S. 79)

Kommunikation, die nicht über die Bedeutung von Wörtern stattfindet, bezeichnet man als nonverbale Kommunikation (siehe S. 96ff.). Ihr Körper redet also mit. Die Körpersprache ist dabei aber kein Zusatz zu Ihrer verbalen Kommunikation, sondern Teil Ihrer gesamten Kommunikation. Die nonverbale Kommunikation trägt auch im Kolloquium entscheidend zur Wirkung Ihrer Worte und damit auch zur Bewertung Ihrer Leistung bei.

Ihr Gesprächspartner hört nicht nur Ihre gesprochenen Worte, sondern nimmt viele verschiedene Signale auf:

- Blick
- Gesichtsausdruck
- Handbewegungen
- Körperhaltung
- Sprechtempo
- Lautstärke
- Betonung

Alle diese Signale werden – teils unbewusst – von Ihrem Gesprächspartner wahrgenommen und in ein Urteil mit einbezogen.

Das Problem ist, dass sich diese körpersprachlichen Signale nur bedingt steuern lassen. Vor allem in angespannten Situationen (wie zum Beispiel in einem Prüfungsgespräch) läuft vieles unbewusst und nicht nachvollziehbar ab.

„Was jemand denkt, merkt man weniger an seinen Ansichten als an seinem Verhalten."
(Isaac Singer, Schriftsteller und Nobelpreisträger für Literatur, http://ww.zitate.de/detail-kategorie-5499.htm *(25.05.2005))*

Hier einige Grundregeln zur Körpersprache – unterteilt in Mimik, Gestik und Sprachrhythmik – auf die Sie im Kolloquium besonders achten sollten:

Mimik

Die Mimik bezieht sich auf Regungen des Gesichtsfeldes. Ihre Mimik begleitet Sie das ganze Prüfungsgespräch lang. Gleichgültig, ob Sie etwas sagen oder nur zuhören. Umgekehrt wird der Seminarkursleiter Ihre Mimik niemals losgelöst von Ihrem gesprochenen Wort interpretieren. Beides muss zusammenpassen.

Tipps!

Blickkontakt herstellen!

- *Wenn ich spreche, mache ich mit meinem Blick deutlich, an wen meine Worte gerichtet sind.*
- *Wenn ich zuhöre, signalisiere ich dem Redner Interesse und Aufmerksamkeit.*
- *Blickkontakt zu meiden, kann als unsicher oder abweisend interpretiert werden.*

Lächeln Sie!

- *Durch Ihr Lächeln haben Sie eine positive Ausstrahlung auf Ihre Umgebung (also auf Ihre Lehrer) und letztlich auch auf sich selbst.*

Gestik

Unter Gestik versteht man den Einsatz des Körpers beim Sprechen. Der natürliche Einsatz der Gestik unterstützt die Betonung beim Sprechen und verbessert die Verständlichkeit Ihres Redebeitrags. Dieser natürliche Einsatz von Gesten setzt voraus, dass Sie ein gewisses Maß an innerer Sicherheit und körperlicher Ruhe und Gelassenheit mitbringen. Sie sehen, wie wichtig auch hier eine gute inhaltliche Vorbereitung auf das Kolloquium ist. Denn wenn Sie sich fachlich nicht sicher fühlen, wird Ihre Körpersprache dies nicht verbergen können.

Tipp!

Hände auf den Tisch: Damit sind Ihre Hände jederzeit für Gesten einsatzbereit.

Sprachrhythmik

Entscheidend ist oft nicht nur, was Sie sagen, sondern auch wie Sie es sagen. Betonung, Lautstärke und Tempo beeinflussen nicht unwesentlich die Wirkung Ihrer Aussage.

Tipps!

Sitzen Sie aufrecht und locker: Ihre Stimme klingt dadurch besser.

Sprechen Sie so laut, dass alle Anwesenden Sie deutlich verstehen können: Zu leises Sprechen kann ihnen als Unsicherheit ausgelegt werden.

Wenn Sie eher zu leise sprechen, achten Sie besonders auf deutliche Artikulation: Dadurch lässt sich mangelnde Stimmkraft ausgleichen.

Sprechen Sie in kurzen und überschaubaren Sätzen: Diese sind einfacher zu betonen.

Machen Sie Sprechpausen zwischen aufeinanderfolgenden Aussagen und Argumenten: Pausen können Spannung erzeugen und bestimmte Worte hervorheben (und Sie gewinnen Zeit, um zu überlegen, wie Sie fortfahren möchten).

Alle diese Regeln zu beachten ist sicher äußerst schwierig. Selbst geübte Redner beherrschen nicht alle Grundregeln einer erfolgreichen Gesprächsführung. Deshalb wird auch von Ihnen keine perfekte Vorstellung im Kolloquium erwartet.

Dieses Kapitel sollte Ihnen helfen zu erkennen, worauf Sie achten müssen und Ihnen die Sicherheit geben, erfolgreich ein Kolloquium zu bestreiten.

Übung

Spielen Sie Kolloquium!

In Dreier- oder Vierergruppen bereitet jeder einige Fragen zu einem Themengebiet (z. B. Inhalte der letzten oder bevorstehenden Klassenarbeit) vor. Einer übernimmt die Rolle des Schülers, die übrigen sind die Lehrkräfte. Anschließend die Rollen wechseln.

3.3 Bewertungskriterien eines Kolloquiums

Wie wird Ihre Leistung im Kolloquium bewertet?

Letztlich hängt das natürlich von Ihren Lehrern und deren Anforderungen und Erwartungen ab. Die Autoren dieses Buches unterscheiden beispielsweise bei der Bewertung ihrer Seminarkursteilnehmer vier Bereiche:

Inhalte der Dokumentation	Prozess der Dokumentationserstellung	Seminarkurs allgemein	Gesprächsverhalten

Für jeden Bereich gibt es einige Leitfragen, von deren Beantwortung die Bewertung des Seminarkursteilnehmers abhängt. Nachfolgend sind die wichtigsten dieser Leitfragen aufgeführt, um auch für Sie als Seminarkursteilnehmer die Frage der Bewertung transparenter werden zu lassen.

Inhalte der Dokumentation

- Welche Fachkenntnisse wurden erworben?
- Welche Probleme wurden erkannt?
- Welche Lösungsansätze wurden gefunden?

Prozess der Dokumentationserstellung

- Welches Ziel hatte Ihre Seminarkursarbeit?
- Wie haben Sie Ihr Thema eingegrenzt?
- Welche Informationsquellen haben Sie genutzt?

- Welche Aktivitäten haben stattgefunden?
- Wie war die Arbeitsteilung organisiert?
- Warum sind Sie so vorgegangen?
- Gibt es Alternativen zu Ihrem Vorgehen?
- Welche Fehler haben Sie gemacht?
- Wie war Ihr Zeitmanagement?

Seminarkurs allgemein

- Was hat Ihnen der Seminarkurs persönlich gebracht?
- Würden Sie den Seminarkurs wieder wählen?
- Würden Sie Mitschüler raten, den Seminarkurs zu wählen?
- Haben Sie Verbesserungsvorschläge für den Ablauf des Seminarkurses?

Gesprächsverhalten

- Haben Sie die erforderlichen Fachbegriffe verwendet?
- Konnten Sie auf die Fragen eingehen?
- War Ihre Argumentation logisch aufgebaut?
- Haben Sie sicher gewirkt?
- War Ihre Artikulation deutlich?
- War Ihr Gesprächsverhalten kooperativ?

Web

Im BuchPlusWeb-Material finden Sie ein Beispiel für einen Bewertungsbogen für Kolloquien.

Reflexion

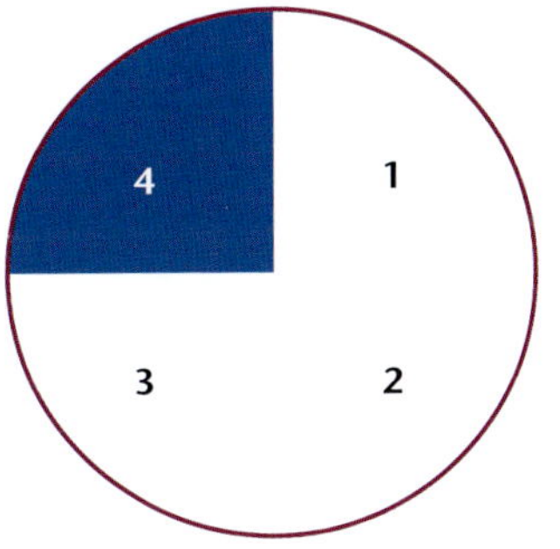

Sie haben Ihr Projekt vorbereitet, geplant und realisiert. Bevor Sie sich gebührend für eine anstrengende Leistung belohnen, steht noch ein letzter Schritt aus: eine systematische Abschlussbesprechung und Bewertung ihres Projekts (Projektreview).

Ein Projektreview dient der Nachbetrachtung ihres Projekts, um aus den gewonnen Erfahrungen für künftige Projekte zu lernen. Dazu müssen Sie die positiven und negativen Aspekte erfassen und die entsprechenden Schlüsse für künftige Aufgaben ziehen.

Ein Projektreview kann in unterschiedlichen Weisen erfolgen

- Einsatz von Fragebögen (schriftliches Feedback)
- Interviews mit den Teammitgliedern (Einzelfeedback)
- Gruppendiskussion (gemeinsames Feedback)

Letztlich entscheiden Sie, in welcher Form die Evaluation vorgenommen wird. Es empfiehlt sich allerdings bereits zu Beginn festzulegen, wie das Feedback durchgeführt werden soll.

Inhaltlich evaluieren

Bei der inhaltlichen Nachbetrachtung geht es um Fragen wie:

- Waren die Ziele verständlich?
- Wurden die Ziele erreicht?
- Konnte der Zeitplan eingehalten werden?
- Waren Meilensteine klar definiert?
- War die Arbeitsbelastung halbwegs gleich verteilt?
- Wurde der Projektordner ordentlich geführt?
- Welche persönlichen Erfahrungen habe ich aus der Arbeit gesammelt?
- …

Tipps!

Sie treffen sich zu einer Abschlussbesprechung und teilen allen Teammitgliedern folgendes Blatt zum Ausfüllen aus:

Stärken des Projektverlaufs	Schwächen des Projektverlaufs
• … • … • …	• … • … • …
Mögliche Verbesserungen	**Gefahren, die vermieden werden können**
• … • … • …	• … • … • …

Anschließend tauschen sie sich über die Ergebnisse aus und halten die Ergebnisse in einem Protokoll fest (im Projektordner abheften!).

Web

Eine Vorlage für dieses Formular finden Sie im BuchPlusWeb-Material.

Methode **Hand-Methode**

Eine andere Möglichkeit der Durchführung eines Feedbacks ist die sogenannte „Hand-Methode". Dazu zeichnen die Teilnehmer die Umrisse ihrer Hand auf ein Blatt.

An die Fingerspitzen schreiben sie die Antworten auf folgende Fragen bzw. Aufforderungen:

- Daumen: Da halte ich den Daumen drauf – dieses Thema will ich weiterverfolgen!
- Zeigefinger: Das habe ich gelernt!
- Mittelfinger: Das hat mir gestunken!
- Ringfinger: Die Atmosphäre hier …
- Kleiner Finger: Das ist mir zu kurz gekommen: …

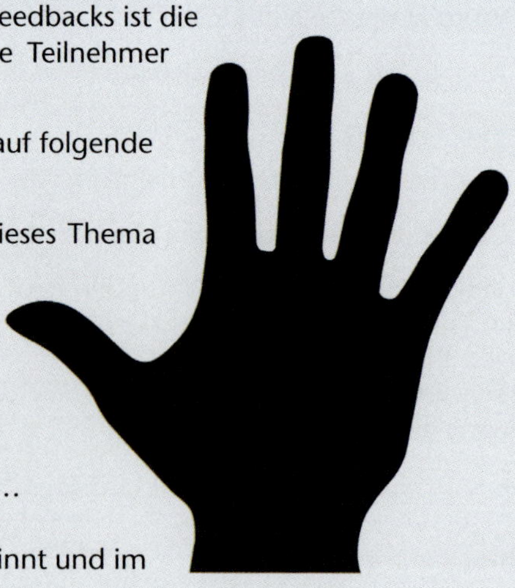

Anschließend werden die Blätter an die Wand gepinnt und im Plenum besprochen.

Verhaltensbezogen evaluieren

Neben der sachbezogenen Nachbetrachtung ist sicher auch eine Nachbetrachtung auf der Beziehungsebene sinnvoll. Wichtig ist hier, dass die Teammitglieder respektvoll und fair miteinander umgehen. Auf der Beziehungsebene geht es um Fragen wie:

- Habe ich mich an die vereinbarten Regeln gehalten?
- Habe ich Absprachen eingehalten?
- War ich insgesamt zuverlässig?
- War ich hilfsbereit?
- Habe ich das Projekt vorangebracht?
- …

Die Erkenntnisse aus dieser Nachbetrachtung sollen Ihnen helfen, künftig Ihre Stärken gezielt einsetzen und mit Ihren Schwächen besser umgehen zu können.

Dann kann das nächste Projekt kommen …

Ausblick

Die Möglichkeit, in der Schule selbstständig zu arbeiten, gibt es inzwischen in unterschiedlichen Formen:

- Facharbeiten
- Wissenschaftspropädeutisches Seminar
- Seminarkurs, Seminarfach
- Projektarbeit
- Projektkompetenz
- GFS
- Referate
- Schriftliche Hausarbeiten

In welcher Form auch immer: selbstständiges Arbeiten bietet ein hohes Maß an Freiräumen. Dies kann Chance und Risiko zugleich sein. Chance insofern, als Sie selbst Ihre Ziele, Ihr Vorgehen und Ihr Arbeitstempo bestimmen können. Es besteht aber auch das Risiko, dass Sie mit der gestellten Aufgabe alleingelassen und überfordert sind. Unser Buch sollte dieses Risiko minimieren. Es sollte Ihnen helfen, den Überblick zu behalten und eine konkrete Anleitung und Hilfe in den einzelnen Projektphasen sein.

Selbstständig Arbeiten ist zwar mit zusätzlichem Zeitaufwand und Kraftanstrengung verbunden, wir sind uns aber sicher, dass Sie in Zukunft davon profitieren werden.

Literaturverzeichnis

Aßmann, Hans u. a.: Mit Sprache. Deutsch an Berufsoberschulen/Fachoberschulen, 3. Auflage, Troisdorf, Bildungsverlag EINS, 2004.

Colemann, Daniel: Emotionale Intelligenz, übersetzt von Friedrich Griese, Hanser, München, 1997.

Eberhard, Manfred u. a.: BWL mit Rechnungswesen für Wirtschaftsgymnasien, Bd. 1, 3. Auflage, Troisdorf, Bildungsverlag EINS, 2004.

Ernst-Schmidt, Judith: Einleitung, in: Politik & Unterricht, Heft 3, 2002, S. 3–5.

Geier-Wehner, Brigtte/Herbert, Isabel/Kirchner-Wiegand, Anja: Betrifft Lesen. Texte verstehen, aufbereiten und präsentieren, 1. Auflage, Troisdorf, Bildungsverlag EINS, 2010.

Goethe, Johann Wolfgang von: West-östlicher Divan, Stuttgart, Cottaische Buchhandlung (1819), 1982, S. 1–32.

Heuermann, Alfons/Krützkamp, Marita: Selbst-, Methoden- und Sozialkompetenz. Bausteine für die Sekundarstufe II, 1. Auflage, Berlin, Cornelsen Sciptor, 2003.

Hülpes, Michael/Scherer, Manfred: Betrifft Deutsch/Kommunikation, Lehr- und Arbeitsbuch für Deutsch/Kommunikation an beruflichen Schulen, 3. Auflage, Troisdorf, Bildungsverlag EINS, 2007.

Kanitz, Anja von: Gesprächstechniken, 1. Auflage, Planegg, Rudolf Haufe Verlag, 2004.

Konrad, Klaus/Traub, Silke: Selbstgesteuertes Lernen: Grundwissen und Tipps für die Praxis, Baltmannsweiler, Scheider-Verlag Hohengehren, 2009.

Kürsteiner, Peter: Reden, vortragen, überzeugen, 1. Auflage, Weinheim, Beltz Verlag, 1999.

Puhlfürst, Claudia: Nonverbale Kommunikation – Phänomene nonverbaler Kommunikation im Unterricht, in: Praxis der Naturwissenschaften – Biologie in der Schule, Heft 1/54, 2005, S. 25–35.

Strzebkowski, Robert: Selbständiges Lernen mit Multimedia in der Berufsausbildung, Dissertation an der Freien Universität Berlin, 2001, unter: http://www.diss.fu-berlin.de/diss/receive/FUDISS_thesis_000000002076, abgerufen am: 10.01.2012

http://www.aphorismen.de/
http://www.myboard.de
http://www.stangl-taller.at (Arbeitsblätter)
http://www.wikipedia.org
http://www.zitate.de

Weiterführende Literatur

Breger, Wolfram/Grob, Heinz Lothar: Präsentieren und Visualisieren, München, dtv, 2003.

Janka, Franz: Wirkungsvoll präsentieren, Niedernhausen, Falken Verlag, 2001.

Linnebitz, Mirjam u. a.: Mindmapping, in: Reich, Kersten (Hg.): Methodenpool I, unter: http://methodenpool.uni-koeln.de.

Nöllke, Matthias: Kreativitätstechniken, 6., aktualisierte Auflage, Freiburg, Br., Planegg/München, Haufe, 2010.

Schardt, Friedel/Schardt, Bettina: Referate und Facharbeiten. für die Oberstufe, 1. Auflage, Hallbergmoos, Stark, 2011.

Zmija, Markus: Mind Mapping, 2012, unter: http://www.zmija.de/mindmap.htm.